DA CODIFICAÇÃO

Crônica de um conceito

A553d Andrade, Fábio Siebeneichler de
   Da codificação: crônica de um conceito / Fábio Siebeneichler
 de Andrade. — Porto Alegre: Livraria do Advogado, 1997.
   189 p.; 14x21 cm.
   ISBN 85-7348-022-X

   1. Teoria do Direito. 2. Codificação. I. Título

         CDU 340.12

   Índices para catálogo sistemático
   Codificação
   Teoria do Direito

(Bibliotecária responsável: Marta Roberto, CRB 10/652)

Fábio Siebeneichler de Andrade

DA CODIFICAÇÃO

Crônica de um conceito

livraria
DO ADVOGADO
editora

Porto Alegre 1997

© Fábio Siebeneichler de Andrade, 1997

Capa, projeto gráfico e composição
Livraria do Advogado / Valmor Bortoloti

Revisão
Rosane Marques Borba

Direitos desta edição reservados por
Livraria do Advogado Ltda.
Rua Riachuelo, 1338
90010-273 Porto Alegre RS
Fone/fax: (051) 225 3311
E-mail: liv_adv@portoweb.com.br

Impresso no Brasil / Printed in Brazil

Agradecimentos

Este livro não teria sido possível sem Clóvis do Couto e Silva, que, pela primeira vez, indicou o tema para seminário da cadeira de Teoria Geral do Direito Privado no Curso de Mestrado em Direito da Universidade Federal do Rio Grande do Sul. Por força de seu falecimento, em 1991, aceitou se orientador da dissertação o Professor Juan Malcon Dobson, da Universidade de Rosário, Argentina, a quem sou grato pelo apoio no prosseguimento do trabalho até a sua defesa.

Devo à Universidade de Roma II, na pessoa dos professor Sandro Schipani, a possibilidade de aprofundar a pesquisa sobre o tema durante os oito meses em que morei em Roma. Também agradeço a Vera Fradera por me fornecer material só encontrável nas universidades francesas. A leitura atenta de Norberto Flach permitiu a correção de muitos equívocos. A compreensão de meus colegas, Milton Mester e Césio Sandoval Peixoto, possibilitou que roubasse muitas horas do exercício profissional para a realização da dissertação. Por fim, sou grato pela paciência e dedicação de Adriana Coltro e por tudo que recebi de meus pais, Elly e Ivo.

Prefácio

Conheci Fábio Siebeneichler de Andrade quando foi meu aluno, no Curso de Graduação da Faculdade de Direito da Universidade Federal do Rio Grande do Sul, em 1984. Por aquela ocasião, meu irmão, Clóvis do Couto e Silva, necessitava de um estagiário que o auxiliasse no escritório de advocacia onde eu também trabalhava. Indiquei Fábio de Andrade, em razão do interesse que demonstrava nas aulas pela investigação jurídica mais profunda. Dessa aproximação resultou uma influência muito forte e muito rica de Clóvis sobre a formação cultural e intelectual do jovem estudante. Tenho certeza que foi isto que o levou a candidatar-se ao Curso de Mestrado, passando a integrar a segunda turma daquele Curso, no ano de 1988.

Para enriquecer e dar forma definitiva a sua dissertação de Mestrado, que é o trabalho que agora aparece em livro, Fábio de Andrade aproveitou bolsa que obteve na Universidade de Roma, onde aprofundou seus conhecimentos de Direito Romano e de História do Direito.

Retornando ao Brasil, defendeu com raro brilho a dissertação, conquistando, com a nota máxima, o título de Mestre.

"Da Codificação - Crônica de Um Conceito" discute, com invulgar erudição e minucioso exame da vasta bibliografia, um dos temas mais palpitantes do Direito Moderno, tentando responder à instigante indagação: qual o significado da codificação no nosso tempo?

Vivemos a era do fim dos grandes sistemas. Na filosofia, depois de Hegel, ninguém mais ousou construir um sistema com pretensões de plenitude. O século XX é a época do declínio e da crise do racionalismo, crise que é comum a todos os campos do pensamento. Não há mais explicações definitivas para todas as questões que possa formular o espírito humano. Há, pelo contrário, uma clara tendência à fragmentação, à solução de problemas isolados, sem que seja necessário sempre vincular as respostas, que assim vão sendo dadas, a pontos de referência que, unidos, esboçam o sistema.

Bem por isto é que se fala hoje, no Direito, com grande insistência, em "descodificação", palavra que ganhou notoriedade com a conhecida obra de Natalino Irti. Em lugar de um único sistema, existiriam vários microssistemas, o que transformaria o universo jurídico, de um continente, num imenso arquipélago.

Estamos muito distantes do sonho de Teixeira de Freitas de reunir, num único Código, todo o Direito Privado. Tanto no Direito Comercial como no Direito Civil, matérias que se encontravam vinculadas a um tronco comum, dele se separaram e ganharam autonomia. O Direito das Sociedades, de Falências, o Direito do Trabalho, o Direito das locações e, mais recentemente, as leis de proteção aos consumidores, são algumas ilustrações dessa inclinação para a independência ou para a especialização. Muitos vêem nesses exemplos de quebra da unidade as partes que compõem a grande missa de réquiem para os códigos.

Mas estaria realmente ultrapassada a idéia de código? Observa o autor que morta está a noção de código que se tinha no século XIX. Diz ele: "Não é possível supor que se possa adotar, atualmente, um código nos moldes oitocentistas, um código total, um código napoleônico. É preciso, em suma, 'levar os códigos menos a sério', abandonando a visão globalizante que as codificações do século passado tiveram. Esta perspectiva de codificação, efetivamente, não tem mais lugar no panorama jurídico".

Parece impensável, entretanto, banir a razão do mundo do Direito. Numa visão moderna, o código significaria o núcleo básico e fundamental desse mundo, onde, por exigência da racionalidade, estariam acolhidos os grandes princípios, as cláusulas gerais, as normas mais abrangentes; em suma, as vigas mestras que o sustentariam, impediriam sua desagregação e lhe dariam coerência.

Por mais que o Direito se especialize, haverá sempre um território central, uma luz que ilumina o conjunto, um feixe de princípios e regras a que o intérprete tenha de recorrer mesmo quando seja chamado a aplicar normas inseridas em legislação especial.

O Código exerceria, portanto, como registra Fábio de Andrade, uma função harmonizadora, tanto no plano interno, quanto no plano externo. Neste último aspecto, estaria a serviço da obra magnífica de integração econômica e política que presenciamos neste final de século.

A longa reflexão desenvolvida pelo jovem jurista sobre a codificação, analisando suas origens, sua expressão em distintos momentos históricos, na Europa e na América Latina, sua crise e sua renovação, não constitui apenas um admirável trabalho de História do Direito, mas é sobretudo um exame crítico das encruzilhadas a que chegou o Direito, particularmente o Direito Privado, nos dias em que vivemos.

Ela nos permite vislumbrar, com mais clareza, que rosto terá o Direito do futuro.

Almiro do Couto e Silva

Sumário

Introdução 13

Primeira Parte - DA CODIFICAÇÃO

Capítulo I - O Conceito de Código 19
Seção 1 - A Origem da Expressão 19
Seção 2 - Delimitação do Conceito 20
Seção 3 - Tentativa de Definição: o Código como Totalidade . 25

Capítulo II - A Codificação como Sistema 29
Seção 1 - Direito Romano 31
Seção 2 - Glosadores e Comentadores 35
Seção 3 - Humanismo 38
Seção 4 - O Jusnaturalismo Racionalista 41

Capítulo III - A Codificação como fator político 50
Seção 1 - A Situação do Direito Comum 50
Seção 2 - O Absolutismo 54
Seção 3 - O Iluminismo 63

Capítulo IV - As Grandes Codificações Européias 69
Seção 1 - O Código Civil Francês 71
Seção 2 - A Polêmica entre Savigny e Thibaut 78
Seção 3 - A Pandectística e o B. G. B. 83

Capítulo V - As Codificações Latino-americanas 91
Seção 1 - Código Civil Brasileiro 93
Seção 2 - Código Civil Argentino 99
Seção 3 - Código Civil Chileno 104

Segunda Parte - A DESCODIFICAÇÃO

Capítulo VI - Início da crise dos códigos 111

Capítulo VII - A Constituição como fator de influência no
Direito Privado 116
Seção 1 - A Ascensão do Direito Público 116

Seção 2 - As Áreas de maior influência da Constituição no
Direito Privado 118
Capítulo VIII - O desenvolvimento dos microssistemas como
expressão do particularismo jurídico 129
Seção 1 - A concepção clássica: a Lei como expressão da
vontade geral 129
Seção 2 - A concepção particularista da Lei 131
Terceira Parte - O FUTURO DA CODIFICAÇÃO
Capítulo IX - O Código como elemento da modernidade 147
Capítulo X - O Código como elemento centralizador do
sistema jurídico 153
Seção 1 - O esgotamento do modelo totalizante 153
Seção 2 - A idéia de centralidade como contribuição à
racionalidade jurídica 155
Capítulo XI - O Código como elemento harmonizador 163
Conclusão 169
Bibliografia 175

Introdução

*A raposa conhece muitas coisas, mas o porco-
espinho conhece uma só e muito importante.*
ARQUÍLOCO, Fragmentos, nº 201

1. A idéia de realizar um trabalho sobre a noção de
código pode parecer estranha à primeira vista. Numa
época tão complexa como a atual, de preocupações tão
prementes, estudar a codificação soa como um anacro-
nismo, ou, no mínimo, um diletantismo acadêmico. É
verdade que esse tema sempre teve um lugar reservado
na doutrina jurídica. Ocupa, porém, um espaço cada vez
menor, sendo tratado, normalmente, nos capítulos ini-
ciais dos manuais de Introdução ao Estudo do Direito
ou de Direito Civil.

2. Entretanto, basta um exame um pouco mais minucioso para que se perceba a riqueza dos temas ligados
à codificação. Com efeito, o conceito de código está historicamente vinculado a problemas recorrentes para o
estudioso do Direito e, inclusive, para o homem comum.
Do ponto de vista metodológico, a preocupação com a
disposição dos institutos jurídicos desponta, inicialmente, como um deles. No aspecto político, a questão da
segurança do Direito, de um lado, e da possibilidade de
unificação jurídica, de outro, também podem ser facilmente destacados. São razões que explicam, portanto, o
aparecimento da noção de código já no Direito Romano
e sua incidência, de forma sistemática, no curso dos tempos.

3. Não é só este, porém, o principal motivo que conduz ao estudo desse assunto. Na verdade, esse tema voltou à ordem do dia por força de um diagnóstico específico: vive-se a era da descodificação. Nessa ocasião, a noção de código já não apresentava qualquer novidade para o estudioso. Foi quando se pôs à luz a realidade conhecida por todos: os códigos passavam, desde longa data, por uma crise.

4. Essa matéria tem merecido já algum tempo um tratamento por parte da doutrina estrangeira, sendo que pela italiana de forma ainda mais significativa. O mesmo, porém, não se deu no Direito brasileiro, em que não se encontram obras que versem sobre o tema com a mesma amplitude.

Uma primeira explicação poderia ser encontrada na diversidade de momentos econômicos vivenciados pelos direitos europeus e brasileiro. Poder-se-ia pensar que o direito brasileiro ainda não conhecera as mesmas perplexidades que, para citar apenas um caso, a ordem jurídica italiana enfrentou nos últimos vinte anos.

Contudo, talvez a razão mais precisa possa ser encontrada no descaso que grassa em nosso meio em relação ao desenvolvimento de pesquisas no campo da história das idéias jurídicas.

O Direito brasileiro sofre os mesmos males que o europeu. Com crescente despreocupação, despejam-se sobre a sociedade normas cujo efeito inegável é o de abalar ainda mais o nosso já tão desestruturado sistema jurídico. O Direito Privado, em particular, vivencia o contínuo assalto da legislação especial ao Código Civil. Pode-se detectar, inclusive, o fortalecimento dessa tendência a partir de 1964, período em que, de um lado, elabora-se um vasto número de Leis especiais, com o objetivo de resolver diversos problemas da vida nacional; de um outro, são substituídos, lenta mas inexoravelmente, os bacharéis da incumbência de elaborar a legislação. Mais ainda: passa a imperar a época dos Decretos-leis, elocubrados nos gabinetes econômicos. Acrescente-se a tendência da legislação especial de tratar diversos assuntos simultaneamente, sempre na perspectiva de resolvê-los, o que só agrava a organização do sistema jurídico.

5. Isto leva, portanto, à tarefa de tratar o tema da codificação e de sua crise. Cuida-se, em suma, de saber se a categoria dos códigos esgotou sua capacidade de contribuição para o Direito ou, se, ao contrário, ela ainda é um modelo a ser preservado. Esta é uma pergunta que tem despertado a atenção dos estudiosos por força da atual crise da sistemática do ordenamento jurídico. Nesse sentido, estruturou-se o trabalho em três partes. Inicialmente, é indispensável tratar do conceito de codificação. O ponto de partida dessa investigação é o Direito Romano. Faz-se mister precisar os elementos que caracterizam o fenômeno e explicar os motivos que o conduziram ao êxito. Evidentemente, há várias possibilidades de vislumbrar a questão. Acentuou-se duas vertentes: primeiro, a codificação como sistema; em seguida, a codificação como elemento político.

Ainda na primeira parte, analisa-se o período áureo desse movimento: os grandes códigos. Em geral, a doutrina estuda apenas os códigos europeus. Cuidou-se aqui de suprir esta omissão, ao incluir os códigos latino-americanos nessa categoria.

Na segunda parte, estudam-se as causas da descodificação. Em essência, aponta-se o desenvolvimento do Direito público como fator que explica esse fenômeno. Essa ampliação do "público" se dá por dois instrumentos: Constituição e lei especial, que, cada qual a seu modo, contribuíram para essa nova tendência.

Finalmente, na terceira parte são indicados os rumos que a codificação pode assumir na atualidade. Enfatizam-se as noções de modernidade, centralidade e harmonização que o código pode proporcionar. Pretende-se, em suma, estabelecer outra missão para o código nos dias de hoje.

6. No estudo do tema, utilizou-se largamente da doutrina estrangeira, tendo em vista o maior desenvolvimento dado a essa matéria. Não se descurou, porém, sempre que possível, de realçar o vínculo com as questões fundamentais do Direito brasileiro. Esclarece-se, também, que a ênfase do trabalho é em relação ao Direito Privado, não só por ter sido nesse setor em que se desenvolveram as codificações, como também pelo valor que a idéia do código representa para esse ramo do Direito. Não se tratará, portanto, das codificações do Direito Público. Não por que sejam destituídas de interesse, mas porque suscitam problemas específicos, o que fugiria ao objetivo do presente estudo. Não se fará, também, referência aos períodos anteriores ao Direito Romano, pela reconhecida influência que este teve sobre o Direito europeu e o latino-americano e por ter sido o primeiro a diferenciar o "público do privado".

Primeira Parte

DA CODIFICAÇÃO

Capítulo I

Do conceito de código

Seção 1 - A origem da expressão

O termo código deriva de *codex*, também conhecido pela forma de *caudex*. Sua acepção mais remota é a de tronco de árvore. No entanto, já para os antigos traduz a idéia de uma tabuleta de madeira, depois a tabuleta encerada e, finalmente, o complexo de várias tabuletas de lenha untadas de cera, reunidas, que eram usadas como material para escrita. Logo, porém, a palavra foi empregada para indicar não mais o material, mas o formato. Por código se entende, agora, o livro compacto, para diferenciá-lo do volume, livro envolto em rolo, normalmente em folha de papiro. Afinal, o *codex* oferece vantagens tanto em função de sua matéria, mais resistente, quanto em função de seu formato, mais manuseável, em relação ao volume. Passa, portanto, a ser empregado em seu lugar[1].

---

[1] É hoje disseminada a tese de que a substituição dos volumes-livros em forma de rolo - pelo *codex* deveu-se também à influência decisiva, no período, dos padres da Igreja, por força da associação entre a forma original e as obras literárias da cultura pagã que os autores cristãos pretendiam superar. No entanto, o termo volume é que prevaleceu, pois o termo código fica reservado somente aos textos legais. Cf. Douglas C. Mc. Murtrie, O Livro, pg. 79, Fundação Calouste Gulbenkian, Lisboa, s/d. Há quem veja, também, nessa alteração, uma necessidade de ruptura dos cristãos com a tradição judaica. Cf. Robin Lane Fox, Bíblia - Verdade e ficção, pg. 134, Companhia das Letras, pg. 134, 1993.

É certo que este processo será progressivo. Mas já no século IV d. C. estabelece-se o significado do termo *codex* como livro, não apresentando, porém, qualquer vinculação com o Direito. De fato, as duas primeiras obras que podem ser citadas com essa denominação são o *Codex* Gregoriano (final do século III d. C.) e o *Codex* Hermogeniano (século IV d. C.), coletâneas privadas de rescritos imperiais. Foram denominadas de códigos porque não eram estendidas em rolos, mas estavam contidas em cadernos de pergaminho unidos e ligados como os livros modernos. No entanto, será somente com o *Codex* Theodosiano (438 d.c.) que o termo é identificado com um livro que contém uma compilação oficial de leis. Mas já na Constituição de 429, em que se anunciava a realização deste Código, emprega-se a palavra com a acepção de obra que contém uma coletânea de leis. Mais ainda, é nesse momento que se faz referência oficial aos Códigos Gregoriano e Hermogeniano com essa mesma denominação[2].

Seção 2 - Delimitação do conceito

Não é fácil tentar definir em que consiste um código. A esse respeito, é possível partir tanto de uma postura restritiva quanto da mais ampla possível. Com efeito, por um lado pode-se trabalhar com a concepção de que a idéia de código já se encontrava presente na Antigüidade. Logo, seriam códigos obras como o Código Theodosiano e o *Corpus Iuris*[3].

Por outro lado, há quem limite a idéia de código às manifestações surgidas a partir do Oitocentos, com base

---

[2] Cf. Alejandro Guzman Brito, Codex, *in* Estudios de Derecho Romano en honor de Alvaro D'Ors, Ediciones Universidad de Navarra, Pamplona, 1987, pg. 604.

[3] Nesse sentido, ver Jacques Vanderlinden, Le concept de code en europe occidentale du XIIIe au XIXe siècle. Essai de définition, Editiones de l'institut de sociologie, Bruxelas, 1967, pg. 23.

no jusracionalismo[4]. Com efeito, a historiografia do conceito de código parece caminhar através desse constante processo de sístole e diástole, isto é, uma incessante alternância de visões restritivas e ampliativas do problema. Um bom exemplo de uma abordagem restritiva constitui a distinção entre consolidação e codificação[5], que procura ver na consolidação o simples recolhimento de normas já existentes, sempre que houvesse um momento de exaustão legislativa. Por conseguinte, a consolidação tanto poderia abranger os costumes quanto a própria lei. Nesse último caso, nela se perceberia a realização de certas alterações em relação ao antigo material legislativo coletado, com a introdução de normas novas[6].

Os códigos, por sua vez, a par de conterem material legislativo novo, são especialmente animados por um espírito inovador, que os diferencia da consolidação[7]. Cria-se, portanto, uma imagem de conservadorismo para a idéia de consolidação, enquanto aos códigos se reserva a de inovação.

Nesse particular, não se pode esquecer a experiência brasileira. No Direito brasileiro, realizou-se uma Consolidação das Leis Civis, em 1857, e posteriormente iniciaram-se os trabalhos codificatórios que culminaram com o Código Civil de 1916. Embora a idéia de Teixeira de Freitas, ao elaborar a consolidação, fosse a de realizar uma obra de simplificação legislativa, ele a considerava essencial para a codificação. De fato, entendia que sem o conhecimento prévio da legislação não se poderia sequer pensar em elaborar um código civil. Tanto é assim,

---

[4] Cf. Franz Wieacker, História do Direito Privado Moderno, Fundação Calouste Gulbenkian, Lisboa, 1980, pg. 366.
[5] Ver a respeito Mario E. Viora, Consolidazione e Codificazione - Contributo alla Storia della Codificazzione, G. Giappichelli, Torino, 3ª edizione.
[6] Cf. Mario Viora, op. cit., pg. 2.
[7] Cf. Mario Viora, op. cit., pg. 41-42.

DA CODIFICAÇÃO
CRÔNICA DE UM CONCEITO

que entre a Consolidação e o Código Civil decorreu pouco tempo, o que demonstra que se tratava de um processo a ser cumprido em duas etapas. Ao contrário dos europeus, portanto, o exemplo brasileiro não revela uma suposta oposição entre consolidação e codificação; ao contrário, pressupõe uma certa integração[8].

Por outro lado, há quem vislumbre na idéia de código a existência de uma predisposição para a unificação e reforma do direito civil[9], mediante a "composição de um texto único e orgânico, que contenha o inteiro sistema normativo, e destinado a substituir qualquer outra fonte"[10]. Essa visão desenvolve, portanto, a idéia de que código é, em essência, um corpo exaustivo de normas que substitui a concepção do direito comum. São consideradas como códigos apenas as obras do século XIX, em prejuízo das elaboradas no Setecentos.

Na mesma linha limitativa, enquadra-se a tese que aponta como elemento distintivo o critério da unificação do sujeito de direitos e da restrição do número de matérias a serem tratadas a fim de obter um "corpo de direitos o mais simplificado possível"[11].

Ora, percebe-se nestas três perspectivas quase que uma mesma idéia básica, na medida em que se estabelece um divisor de águas entre consolidação e codificação, de maneira que somente às obras oitocentistas coubesse a definição de código. Contudo, essas concepções não logram abranger toda a realidade - e talvez não se pudesse esperar outro resultado -, porquanto se apresen-

---

[8] Ver a respeito, A. Guzman Brito, Codificación y consolidación: una comparación entre el pensamiento de A. Bello y el de A. Teixeira de Freitas, *in* Augusto Teixeira de Freitas e il diritto latinoamericano, a cura di Sandro Schipani, Cedam, Padova, 1988, pg. 266.

[9] Cf. Guido Astuti, La codificazione del diritto civile, *in* La Formazione Storica del diritto moderno in Europa, vol. II, Firenze, Leo S. Olhiki Editore, 1977, pg. 817-890.

[10] Cf. G. Astuti, op. cit., pg. 848.

[11] Ver a respeito, Giovani Tarello, Storia della cultura giurídica moderna - absolutismo e codificazione del diritto, Il Mulino, 1976, pg. 37-38.

tam situações que escapariam a essa tentativa de classificação. Há quem veja, por exemplo, nas "Ordonnances processuales" de Louis XIV, realizadas em 1667, uma delas, na medida em que serviram quase que integralmente como base para o Código Processual de 1807, sem que se perceba em que radicalmente divergiram para pertencerem a categorias diversas[12].

Mesmo o critério de unificação das fontes é posto à prova, pois se ressalta o aspecto ocasional com que se alcançou a ab-rogação das fontes do direito comum, quando da discussão do Código Civil francês, de sorte que sua tão propalada "chiusura" só foi realizada por meio de uma solução de compromisso dos seus formadores[13].

Enquanto a visão restritiva procura situar a noção de código no século XIX, por alguns dos critérios que foram resumidamente enumerados, tem-se procurado examinar esse fenômeno em um contexto mais amplo.

Nesse sentido, surge a concepção de que no Direito Romano se encontra presente, em todos os seus principais momentos, a noção de codificação[14] e que vê, portanto, o *Corpus Iuris* como um autêntico representante do termo código, ao mesmo tempo que identifica no Direito Romano não só uma das fontes do material contido nos códigos - o que sempre tem sido reconhecido - como também a matriz da idéia de codificação.

Pretende-se, efetivamente, estabelecer uma estreita ligação entre o fenômeno codificação e o Direito romano. De fato, tem-se desenvolvido a tese de que há uma forte afinidade entre esses dois elementos, com base no

---

[12] Ver a respeito, Ugo Petronio, Una categoria storiografica da rividere, *in*, Quaderni Fiorentini per la storia del pensiero giuridico moderno, 13, 1984, pg. 705-717, especialmente pg. 711.
[13] Cf. Ugo Petronio, op. cit., 712-714.
[14] Ver a respeito Sandro Schipani, I Codici Latinoamericani della transfusion del diritto romano e dell'indipendenza verso codici della mezcla e codici tipo, *in*, Dalmacio Velez Sarfield y el Derecho latinoamericano, Cedam, 1991, pg. 645-684.

DA CODIFICAÇÃO
CRÔNICA DE UM CONCEITO

argumento, já referido parcialmente, de o Direito Romano possuir uma propensão para a codificação, porquanto nele existia a constante aspiração de dar ao ordenamento jurídico uma definição abrangente[15]. Sustenta-se, assim, que o próprio Direito Romano, em alguns períodos de sua história, "foi um direito codificado". Essa afirmação decorre da reconhecida importância que teve a Lei das XII Tábuas para o Direito Romano. Em função de ter sido um complexo orgânico de normas, que não se limitava ao direito privado, foi ela, inicialmente, o corpo essencial de regras que disciplinava a vida da Roma primitiva. Esgotada essa tarefa inicial, desempenhou, num período subseqüente, a missão de núcleo a partir do qual evoluiu o Direito Romano[16]. Essa posição é corroborada com o argumento de que tanto Pompeu quanto Cesar teriam concebido planos de codificação[17].

Um outro contributo a ser mencionado é o que procura ver a codificação dentro de um fenômeno maior, a que se denomina fixação do direito[18]. Assim, a fixação corresponderia à "sistemática reunião, formal ou material, de um conjunto de fontes jurídicas preexistentes em um corpo único", sendo que por sistema se deve ter uma visão muito genérica, tal como "qualquer esquema de ordem"[19].

Por conseguinte, essa visão identifica a codificação como uma espécie do gênero fixação. A codificação, portanto, situa-se no mesmo plano das demais, não "para negar o seu aspecto original", mas para realçar a origi-

---

[15] Ver Okko Behrends, Le codificazioni romanistiche e le constituzioni moderne (Sull'importanza constituzionale del diritto romano), *in* Dalmacio Velez Sarsfield y el derecho latinoamericano, op. cit., pg. 240.

[16] Cf. Giovani Pugliese, Spunti e precedenti delle moderne codificazioni, *in* Index, 14, Napoli, 1986, pg. 19-20.

[17] Cf. Silvio Meira, Júlio Cesar e a Codificação do Direito Republicano, *in* Novos e Velhos Temas de Direito, Forense, Rio de Janeiro, pg. 201-250.

[18] Cf. Alejandro Guzman Brito, La Fijación del Derecho, Ediciones Universitarias de Valparaiso, 1977.

[19] Cf. A. Guzman Brito, La Fijación del Ferecho, op. cit., pg. 22.

nalidade de outras obras, normalmente relegadas como consolidações, que são, por igual, corpos fixadores[20]. O argumento definitivo residiria em que "ideologia, renovação jurídica e sistema" não são características exclusivas das codificações modernas. Apenas foram concebidas de forma diversa[21]. É precisamente com base nessa afirmação que se pretende divergir dessa tese. Em princípio, pode-se compartilhar a idéia de que na história do direito existiram determinadas obras que serviram à realização da fixação do direito. Contudo, na concepção de código está presente, de uma forma que não se encontra nas fixações, uma busca incessante no sentido de alcançar um determinado estágio de disposição das matérias que se inspira nas ciências exatas. É deveras conhecida, aliás, a apropriação do instrumental matemático feito pelos juristas a partir do Quinhentos a fim de alcançar esse objetivo. Por fim, é preciso ressaltar que a palavra fixação nunca foi usada nesse sentido. Cria-se, assim, uma categoria sem qualquer amparo nas fontes.

Seção 3 - Tentativa de definição: o código como totalidade

No entanto, é possível ver o fenômeno da codificação como um resultado do princípio da totalidade[22] [23].

---

[20] Cf. A. Guzman Brito, La Fijación del Derecho, op. cit., pg. 49.

[21] Ibidem.

[22] Não cabe aqui, evidentemente, esgotar essa definição, bem como as variações que ela teve no pensamento grego. Basta, portanto, dizer que para Aristóteles todo é algo que tem várias partes que estão potencialmente presentes no todo. Cf. F. E. Peter. Termos filosóficos gregos, pg. 107-108, Fundação Calouste Gulbenkian, 2ª ed. 1983.

[23] A influência do conceito de totalidade no Direito privado é normalmente identificado na teoria das Coisas (ver Paul Sokolowski, Die Philosophie im Privatrecht, Vol. 1, pg. 29-43). Mais recentemente, tem sido vislumbrada a presença desse conceito também na relação obrigacional. Cf. Clóvis do Couto e Silva, Obrigação como Processo, José Buschatsky Editor, 1977.

O código é visto como uma obra global, capaz de conter o conjunto das normas jurídicas sobre uma determinada matéria. Essa concepção, porém, é necessariamente imperfeita. Apesar de todo o esforço nesse sentido - inclusive com a proibição de interpretações - sempre subsistem traços de pluralismo e não se consegue reunir a integralidade das normas jurídicas. É certo, realmente, que essa busca pela totalidade não se deu com a mesma intensidade em todos os períodos. Várias razões propiciaram que certas épocas conhecessem essa necessidade de forma mais aguda, enquanto em outras tal não ocorreu. No Direito romano, por exemplo, percebe-se essa oscilação entre o Direito clássico - menos totalizante - em relação à fase pós-clássica, que contém um projeto globalizante para a sociedade. A Idade Média, por sua vez, é um exemplo de momento histórico em que predomina a descentralização e percebe-se uma pluralidade de fontes. Vê-se, portanto, que nos momento em que de forma mais marcante imperaram certas características de desarmonia, concentraram-se os esforços para a elaboração de um código. Esse fenômeno não é gratuito. Constitui sempre um esforço do homem para atribuir ao seu mundo uma certa ordem, , uma determinada unidade. Afinal associada à idéia de totalidade caminham outras concepções, em especial a intenção de suprimir as incertezas jurídicas.

Entretanto, não se pode esquecer que a codificação só se realizou com base no material e no exemplo do Direito Romano, sob pena de incidir-se na simplificação de atribuir o sucesso da idéia de código a um princípio filosófico. Afinal, o próprio *Corpus Iuris Civilis* atua como fonte de inspiração para essa idéia.

A codificação é, em essência, um conceito que se desenvolve em vários momentos. Não é exclusividade de um determinado período histórico. É forçoso reconhecer, porém, que a partir do jusracionalismo consolidam-se determinadas características que, praticamente, iriam ser associadas ao conceito de código[24]. Na ocasião, reuniram-se, de uma só vez, duas circunstâncias importantes: uma vontade política mais acentuada, como também - e em igual medida - uma capacidade técnica maior a fim de superar as dificuldades da época. Esses elementos, sem o que não se faz, hoje em dia, um processo codificatório, não mais se reproduziram no mesmo grau. Torna-se difícil imaginar, numa sociedade tão complexa como a contemporânea, que o princípio da totalidade se apresente de forma tão intensa. Entra em cena, porém, outra idéia: a de continuidade; isso faz com que se procure preservar os códigos, agora noutra função, de coordenação.

Em suma, nesta obra, deve-se ter presente a dificuldade de reduzir o fenômeno da codificação a um só argumento. Cabe, porém, destacar, em primeiro lugar, a prolongada tentativa de desenvolver-se um sistema, ou seja, um modo ideal para dispor os conceitos do Direito privado. Num segundo momento, apontar as razões políticas que contribuíram, num primeiro momento, para o sucesso da noção de código, e em seguida, para a sua decadência.

Afinal, se se pode dizer que os códigos representam, em um momento, um sistema, isto é, um modo de ordenar as matérias do Direito, ou de um determinado setor do Direito, é certo que não se pode desconsiderar toda sorte de razões históricas que conduzem a sua realização. Identificam-se, portanto, na teoria da codificação, um elemento técnico, o sistema, e um elemento político. Verifica-se, assim, que a codificação, à semelhança de outras figuras[25],

---

[24] Não se compartilha, portanto, da tese que sustenta a inexistência de um código, mas, isto sim, de vários códigos. Ver, nesse sentido, J. Baudoin, Refléxions sur la codification comme mode d'expression de la règle du droit, *in* Liber Amicorum Jean Georges Savelanne, pg. 18, Kluwer Law, 1984.

[25] Da mesma forma que o código, a idéia de constituição também pode ser apresentada como uma ordenação sistemática e racional, só que voltada à ordenação da comunidade política - conforme define José Joaquim Gomes Canotilho, Direito Constitucional, pg. 289, 5ª ed., 1991. Torna-se, portanto, quase que inevitável estabelecer um paralelo entre esses dois fenômenos,

sofre a influência da perene disputa entre *ratio* e *autoric-tas*[26].

---

codificação e constituição, como pretende Bartolomè Clavero, Codificación y Constitución: paradigmas de un binomio, *in* Quaderni Fiorenti, 18 (1991), pg 79-145. Tal propósito não é, em absoluto, sem sentido. De um lado, ambos contêm o mesmo dualismo, *ratio* e *autorictas*. De outro, sofrem dos mesmos males, pois a idéia de constituição também não versa todos os aspectos do Direito Constitucional. A Constituição, por mais que tenha alcançado dimensões nem sequer sonhadas pelos autores da Constituição Americana, não trata de todas as matérias relevantes do Direito Constitucional. Como exemplo, basta dizer que a lei sobre os partidos políticos e sobre o regime eleitoral nela não aparece. É verdade que tanto em um caso, quanto em outro, foi necessário uma extraordinária luta para que se estabelecessem esses conceitos. No entanto, o conceito de código tem sua origem claramente assentada na tradição do Direito Romano, sendo ainda muito discutível a tese de a constituição possuir, igualmente, suas raízes nessa vertente. Afinal, é reconhecido que o Direito Romano não possuía o conceito de constituição no sentido formal (Georg. Jellinek, La Dottrina Generale del diritto dello Stato, pg. 95, Milano, Giuffré, 1949). Quanto à pergunta de por que os países da *Common Law*, apesar desse paralelismo, não desenvolveram um código, muito embora a presença da constituição, a resposta está em que o código serviu, precipuamente, no direito continental, à formação de um direito unitário. Na Inglaterra, porém, não se apresentou essa necessidade, pois a unidade já se havia constituido a partir da própria constituição do regime da *common law*. (Nesse sentido, cf. Tulio Ascareli, Unificazione del diritto dello Stato e tecnica dell'-interpretazione, *in* Problemi Giuridici, tomo, pg. 340-341, 1959, Giuffrè). O Direito inglês, aliás, prescindia dessa função unificadora da codificação, porque nela sempre vigorou, de forma bastante intensa, a doutrina do precedente, como demonstração da preocupação com a segurança do direito. Exportado esse modelo para as colônias americanas, não se sentiu, ali, a necessidade de elaborar o código. Fez-se a Constituição, que realizava a positivação dos direitos fundamentais. No cenário europeu, foi o *Code Civil* que cumpriu basicamente, essa função, na medida em que representava a liberdade burguesa e a idéia de autonomia da vontade (ver Luigi Mengoni, L'Europa dei codici o un codici per l'Europa, *in* Revista Critica del Diritto Privato, 1992, nº 4, pg. 515).

[26] Fugiria aos limites desse trabalho a pretensão de esgotar um assunto que, como afirma J. Esser, "perpassa todo o ordenamento jurídico (cf. Principio y Norma em La Elaboración Jurisprudencial del Derecho Privado, pg. 173, ed. Bosch, Barcelona, 1961). Trata-se, em suma, da reedição da constante dialética que já estava presente na Idade Média quando se discutia o motivo da auto-ridade do *Corpos iuris*: em função do caráter racional do Direito Romano ou em virtude da idéia de império - *imperio rationis* ou *ratione imperii*. Nesse sentido, ver P. Koschaker, Europa y el Derecho Romano, pg. 77-91, Editorial Revista de Direito Privado, Madrid, 1955.

Capítulo II

A codificação como sistema

A idéia de código está indissoluvelmente associada à noção de sistema[27]. Ora, esse conceito no Direito não é novo e provoca várias dúvidas e polêmicas. Evidentemente são inúmeros os conceitos de sistema e inúmeras as suas acepções. Em geral, considera-se clássico o de Kant, em que se define o sistema como "a unidade dos conhecimentos múltiplos sob uma idéia[28]. Mas, quando se identificam essas duas idéias, normalmente se tem presente o conceito de sistema externo, isto é, a existência de uma certa ordenação para as soluções que a dogmática produz[29]. O fundamento para esta identificação, entre código e sistema, reside basicamente nas características que a noção de sistema possui. É reconhecido, classicamente, que o conceito de sistema favorece a clareza, a ordem e a harmonia do ordenamento jurídico[30].

---

[27] A bibliografia sobre o tema é extensa. Consultou-se Claus- Wilhelm Canaris, *Pensamento sistemático e conceito de sistema na Ciência do Direito*, Fundação Calouste Gulbenkian, Lisboa, 1989; Mário G. Losano, *Sistema e Strutura nel diritto*, G. Giappichelli, Torino, 1968; Paolo Cappellini, *Systema Iuris*, I e II, Giuffrè, Milano, 1984 e 1985, Helmut Coing, *Historia y Significado de la idea del sistema en la jurisprudencia*, Universidad Autónoma de México, 1959; Stig Stromholm, *Lo Sviluppo Storicco dell'idea di sistema*, *in* Rivista Internazionale di Filosofia di Diritto, 52, 1975, pg. 468-486; Mário Barcellona, *Su Sistema e Metodo (per una teoria giuridica sistemica)*, *in* Rivista Critica di Diritto Privato, 1980, pg. 27-118).

[28] Cf. *Crítica da Razão Pura*, pg. 405, Série Os Pensadores, Ed. Abril, 1983.

[29] Para a distinção entre sistemas interno e externo, ver a introdução de A. Menezes Cordeiro, *in* Claus-Wilhelm Canaris, op. cit., pg. LXV-LVIII, e Mario losano, op. cit., pg. 113-117.

[30] Cf. CLaus-Wilhelm Canaris, op. cit., pg. 12 e segs.

Em vista disso, surge a conhecida identificação com as noções de certeza do direito e simplificação. A codificação, na medida em que constitui uma forma de organização do material jurídico, favorece a obtenção desses efeitos. Isto se deve ao fato de, por um lado, ela contribuir para reduzir e solucionar as possibilidades de ação individual. Diminui, portanto, a complexidade do sistema normativo. De outro, porque propicia a conservação dessas características, o que explica a preservação da idéia de sistema[31].

Tradicionalmente, considerava-se que as primeiras contribuições significativas para a noção de sistema teriam vindo dos humanistas. Afastava-se, portanto, quase que instantaneamente, o aporte do Direito Romano para o desenvolvimento desse conceito. Entretanto, essa questão na atualidade tem sido muito debatida[32] e merece, por conseguinte, um tratamento mais aprofundado.

---

[31] Cf. Mario Barcellona, op. cit., pg. 39-41.

[32] Para a noção de sistema entre os romanos ver: J. Stroux, Summon Ius Summa Iniura - un capitalo concernente la storia della interpretatio iuris, *in* Annali del Seminario Giuridico della Università di Palermo, volume XII, pg. 647-691, 1929. Giorgio La Pira, La Genesi del sistema nella giurisprudenza romana. L'arte sistematrice, *in* Bulletino dell'Instituto di Diritto Romano, XLII, 1934, og. 386-355; La genesi del sistema nella giurisprudenza romana. Problemi generali, *in* Studi *in* onori di Filippi Virgili nel XL anno d'insegnamento, pg. 3-26; La genesi del sistema nella giurisprudenza romana. Il metodo, *in* Studia et Documenta Historiae et Iuris, 1935, n. 1, pg. 321-247; Il concetto di scienza e gli strumenti della costruzione scientifica, *in* Bulletino dell'Istituto di Diritto Romano, XLIV, 1936-37, pg. 131-139. Gaetano Schrerillo, Il sistema civilistico, *in* Studi Arangio Ruiz, vol. IV, pg. 445-467, Napoli, 1953; Jean Gaudemet, Tentatives de systematisation du droit à Rome, *in* Index, 15, 1987, pg. 79-86; Michel Villey, Recherches sur la literature didactique du Droit Romain, 1945, Max Kaser, Sur la methode des jurisconsultes romains, *in* Romanitas, 1962, vol. 5, pg. 106-123, Fritz Schulz, Principles of Roman Law, pg. 40-65, Oxford at the Clarendon Press, 1936 e History of Legal Roman Science, pg. 60-69, Oxford at the Clarendon Press, 1953, Alejandro Guzman Brito, Dialéctica, Casuística e Sistemática en la jurisprudencia Romana, *in* Revista de Estudio Histórico-Jurídicos da Universidade Católica de Valparaiso, V, 1980, pg. 19-31; Sancho Schipani, Andres Bello Romanista - Institucionalista, *in* Andrés Bello y el Derecho Latinoamericano, 1987, pg. 205-258.

Seção 1 - Direito Romano

É certo que os romanos não utilizavam o termo sistema. Mas o desconhecimento do conceito não significa, necessariamente, dizer que o Direito Romano fosse · assistemático. Procura-se, inclusive, apontar já a partir da Lei das XII Tábuas (450-449 a. C.), embora dela só se conheçam fragmentos, um grau de organização acentuado, especialmente por força de a Lei das XII Tábuas possuir uma certa abrangência, tratando, inclusive, do Direito Público[33].

Apesar de apontar-se o início da doutrina romana com Sextus Aelius e seus *Commentaria Tripartite*, o primeiro sistematizador teria sido Quinto Múcio Scevola, conforme refere Pompônio[34]. A ordem estabelecida para as matérias no chamado sistema muciano[35], contrapõe-se àquela proposta por Sabino, muito embora se diga ser mais correto atribuir sua origem a Labeo[36].

A razão de ser para essa transformação da natureza das obras romanas, de meramente casuísticas[37] para um

---

[33] Cf. G. Pugliese, op. cit., pg. 20, nota nº 16.

[34] D. 1.2.2., p. 41.

[35] A sua disposição seria a seguinte: 1. Testamentos, legados, sucessões ab intestato; 2. Manumissões informais; 3. *Iura itinerum*; 4. *Aqua pluvia*; 5. Aquisição por meio de terceiros; 6. Estipulações; 7. Tutela; 8. Lex Aquilia; 9. *Status* de liberdade; 10. *Patria potestas, possessio e usucapio, non usus e libertas usucapio*; 11. Venda e locação; 12. *Aura Acquarum*; 13. Comunhão e sociedade; 14. *Postliminus*; 15. Furto. Cf. G. Scherilli, op. cit., pg. 446.

[36] O modelo sabiniano seria este: 1. Testamento com aceitação; renúncia da herança; testamento *ruptum* e testamento dos libertos; 2. Legado; 3. *Patria potestas*; adoção, emancipação, manumissão, *status* de liberdade, *Operae libertorum*; 4. *Mancipatio, traditio, leges traditionis*; 5. Venda, *leges venditioris*, stipulatio duplae, sociedade, *actio familiae erciscundae* e *actio communi dividundo*; 6. Dote; 7. Tutela; 8. Furto, *Lex Aquilia*; dano *infectum*, injuria, *condictio*; edito edilício, *opera novi nunciatio*; 9. *Stipulatio*, novação; obrigações solidarias; fideicomissio, *vadimonium*; stipulatio dos escravos, *stipulatio* por aquisição de herança, *acceptilatio*; 10. *interdictum de vi, interdictum quod vi aut clam*; *interdictum de precario, iurisdictio*, aquisição de propriedade, *usucapio nun usus*; 11. doações; 12. servidões prediais; 13. *Iura aquarum*; 14. Fiducia; *post-liminium*.

[37] A questão de como caracterizar esse casuísmo é de difícill resolução. Trata-se, em suma, de interpretar a conhecida opinião de Paulo (D. 50, 17, 1): *non ex regula ius sumatur, sed ex iure quod est, regula fiat*. Enquanto para Kaser (Sur

modelo mais bem acabado, quase sistemático, é em geral atribuído a uma possível influência do pensamento filosófico grego, e no Direito Romano. Cita-se, especialmente uma obra perdida de Cícero, *De Iure Civile in Artem Redigendo* como uma demonstração nítida dessa influência, ao pretender fazer do estudo do Direito Romano uma "ars"[38]. Esse intento aparece, igualmente, em outras de suas obras, especialmente no *Brutus* (41, 151) - em que aponta seu amigo Servius Sulpicius Rufus único detentor da arte da dialética e no *De Oratore* (1, 42, 187-189), em que sustenta a necessidade de uma definição do *Ius Civile*, sua divisão em gêneros e espécies, bem como precisa certas definições.

É certo que resta a questão de saber até que ponto as obras de Cícero merecem consideração. Sobre isso, há especial divergência na doutrina, entre as orientações que sustentam, de um lado a inexistência de sistematização no Direito Romano[39]. De outro, os que entendem possível a existência no Direito Romano de um esforço generalizado nesse sentido, com a reunião das matérias

---

la Methode des Jurisconsultes Romains, op. cit., pg. 108-111) equipara-se ao do *commom law*, há quem considere a casuística romana como jurisprudencial, por não estar vinculada à regra do precedente. Os juristas romanos, ao interpretar e reelaborar as soluções dos casos concretos, imaginaram, por sua vez, outros casos, a que aplicavam as mesmas decisões. Assim agindo, estabeleceu-se uma ordem que não está presente no mundo da *common law*. Esta seria, portanto, um casuísmo judiciário, enquanto o romano seria jurisprudencial. Em decorrência disso, pôde ser absorvida por Justiniano. (Cf. Frans Horak, Dogmática e Casuística no Direito Romano e nos direitos modernos, *in* Revista de Direito Civil, vol. 28, 1984, pg. 82 e segs.

[38] Esta obra é citada em Aulo Gélio, Noites Áticas, 1, 227, e sua divisão tenderia ser em gêneros, que se dividiriam em partes, com amplo emprego de definições. Ver a respeito, Ferdinando Bona, L'ideale retorico ciceroniano ed il Ius Civile in Artem Redigere, in Studia et Documenta Historiae et Iuris, 46, pg. 282-381, 1980.

[39] Ver nesse sentido, F. Schulz, History of Roman Legal Science, op. cit., pg. 65-69, que nega a distinção dada a Servius Rufus, por Cícero, considerando-a um exagero, e Max Kaser, que refere, apenas, a existência de ilhas de sistematização. Cf. Sur la Méthode des Jurisconsultes Romains, op. cit., pg. 117.

em gênero e espécies, divisões seguindo esse modelo e a elaboração de um número expressivo de definições[40]. Esses esforços realizados pela jurisprudência romana aparecem de forma mais evidente na obra de Gaio e na sua célebre divisão em pessoas, coisas e ações. Muito embora se considere que esta seja justamente a menos romana das tentativas sistemáticas, devido à forte influência grega[41], o certo é que ela é a forma mais bem sucedida de sistema do Direito Romano. Em vista disso, foi notável a sua difusão. Nada mais natural, portanto, que proliferem as teses a esse respeito, como a de que, por exemplo, se tratava de uma obra didática[42], ou a de que Gaio não seria um jurisconsulto do período clássico[43]. No entanto, é perfeitamente possível entender, sob pena de a obra de Gaio permanecer estranhamente num eterno limbo, ocupando uma posição de extremo isolamento no mundo romano, que ela está intimamente vinculada ao pensamento sistemático romano. Ela seguiria, portanto, a linha iniciada por Quinto Múcio e desenvolvida pela proposta de Cícero em seu *Ius civile in artem redigere*[44].

Na fase pós-clássica, são elaboradas, primeiramente, duas obras privadas, o Código Gregoriano e o Hermogeniano, que seguem a disposição do Edito pretoriano[45]. O mesmo sucede com o primeiro grande código oficial: o Código Teodosiano, elaborado em 438 d. C. Com o

---

[40] Cf. M. Villey, op. cit., pg. 30.

[41] Cf. Wieacker, op. cit. pg. 133.

[42] Para uma visão da origem dessa distinção, e quem teria sido o seu autor, cf. Michel Villey, Recherches sur la literature didactique du Droit Romain, op. cit., pg. 35-39.

[43] Evidentemente, não cabe aqui discutir a figura de Gaio e sua relevância na jurisprudência romana, que são objeto de vasta bibliografia. Para uma análise, cf. a literatura referida à nota nº 33.

[44] Cf. a respeito, com ampla bibliografia, Sandro Schipani, Andrés Bello Romanista-Institucionalista, op. cit., pg. 220-226.

[45] Sobre essas obras ver: Gaetano Scherillo, Teodosiano, Gregoriano, Ermogeniano, *in* Studi Ratti, pg. 249-323, e Il Sistema del Codice Teodosiano, *in* Studi Albertoni, pg. 513-538.

Corpus Iuris, de Justiniano, são adotadas as duas correntes sistemáticas: enquanto o Código e o Digesto seguem a orientação do Edito Perpétuo, as *Institutas* adotam o esquema gaiano.

A questão de saber se o *Corpus Iuris* era dotado de um sistema e, mais ainda - quase por força de conseqüência -, se o *Corpus Iuris* corresponde a um código, não é de fácil resolução. Quanto à primeira questão, um primeiro argumento no sentido negativo residiria na circunstância de coabitarem dois tipos de esquematização na mesma obra[46], como foi referido acima, o que evidenciaria a falta de preocupação com o aspecto sistemático. Uma explicação para esse fato seria que o *Corpus Iuris* constitui, em grande medida, uma obra de compilação, em prejuízo de um trabalho criativo[47].

Em oposição a essa tendência, porém, argumentase que a grandeza da jurisprudência romana residiria, justamente, na sua pretensão à sistematização. Apesar de o Direito Romano não haver conhecido um único sistema teria existido um contínuo esforço nesse sentido, seja mediante compromissos, seja por meio de inovações[48]. Essa afirmação se relaciona com a posição de que, na verdade, não seria correto afirmar que os romanos não teriam um sistema, ou que o seu sistema seria menos elaborado; eles apenas teriam tido um sistema que se diferenciaria das idéias atualmente em vigor[49]. Não possuía, na mesma intensidade, o grau de lógica dispositiva que o período racionalista iria desenvolver. Em relação a esse aspecto, é importante lembrar que a atividade jurisprudencial romana trabalhava essencialmente com a prudência, a sabedoria e a razão jurídica. Existia, nesse

---

[46] Nesse sentido, ver M. Losano, op. cit., og. 24.

[47] Cf. Hans Ankun, La Codification de Justinien était-elle une véritable codification?, *in* Liber Amicorum John Gilissen, pg. 1-17, Kluwer, Antwerp.

[48] Cf. Okko Behrends, Le codificazioni romanistiche e le costituzioni moderne (Sull'importanza costituzionale del Diritto Romano), op. cit., pg. 244.

[49] Ver M. Villey, Leçon d'Historie de Philosophie de Droit, 2eme, edition, Dalloz, 1962, Paris, pg. 188.

particular, a profunda influência grega, que era uma arte especulativa. Não se poderia, portanto, exigir do *Corpus Iuris* uma estruturação ao estilo do Código alemão, o B.G.B.[50]. Muito embora existam opiniões autorizadas em contrário, que enfatizam o aspecto da inexistência de normas[51], tem se desenvolvido a tese de que, em um sentido funcional o *Corpus Iuris* constitui um código[52]. Ganha realce, nesse ponto, a distinção contida na obra de Justiniano entre codificação e dogmática, ou seja, entre dogma e lei[53].

Em suma, é certo que se pode vislumbrar no Direito Romano, como se pretende, uma propensão à sistematização, pois se percebe em toda a sua trajetória uma busca contínua de ordenação, de que o *Corpus Iuris* é o exemplo mais significativo. No entanto, no Direito Romano não se apresenta a preocupação obstinada pelo desenvolvimento de uma sistemática, característica que refletirá os objetivos do humanismo e, essencialmente, do racionalismo.

Seção 2 - Glosadores e comentadores

Com a queda do Império Romano do Ocidente, o Direito conheceu um período de decadência. Embora seja possível mencionar a existência de compilações importantes, como o Breviário Alarico, será somente com a redescoberta do *Corpus Iuris* que os estudos jurídicos conhecerão um renascimento[54]. E foram os glosadores os

---

[50] Cf. Stig Strömholm, Lo Sviluppo Storico dell'idea di sistema, op. cit., pg. 474.

[51] Nesse sentido, ver. P. Koschaker, Europa y el Derecho Romano, op. cit., pg. 111 e segs.

[52] Cf. Felippo Gallo, La Codificatione giustinianea, *in* Index, 14, pg. 33, 1986.

[53] Cf. Paolo Cappellini, op. cit., pg. 124-141.

[54] Além das razões já apontadas para a preferência pelo Direito Romano (cf. nota 27), é importante ressaltar que o *Corpus Iuris* gozava de uma autoridade no pensamento jurídico equivalente ao da Bíblia (Nesse sentido, cf. F. Wieac-

DA CODIFICAÇÃO
CRÔNICA DE UM CONCEITO

primeiros a realizar essa tarefa. Ao falar-se em glosadores, é natural a identificação com os mestres de Bolonha, especialmente Irnério e os famosos quatro doutores: Hugo, Jacó, Martinho e Búlgaro. Entretanto, essa escola possuía ligações com outros centros de estudo, como os de Pavia e Ravena[55].

O seu método se baseava na Glosa, que consistia em anotações dos estudiosos às *leges*, isto é, a partes do texto do *Corpus Iuris*. É certo que não havia uma verdadeira preocupação ordenadora, porquanto segue-se sempre a ordem expositiva do texto Justiniano. Isso ocorria em virtude do condicionamento sofrido pelos glosadores, por força de seus estudos de gramática, dialética e lógica, conduzindo-os, necessariamente, a uma análise gramatical e positiva do texto. Realizavam, portanto, de início, uma exegese. Mas existia, isto sim, a intenção de estabelecer uma relação com outras passagens a fim de confirmar ou negar a validade da interpretação sugerida. Havia todo um esforço no sentido de obter a padronização do texto.

Quanto às sumas, tratava-se de escritos em que os glosadores realizavam a exposição mais abrangente possível do *Corpus Iuris*. A ordem externa, porém, permanecia a mesma, muito embora, internamente, surgissem formulações que a ele não eram explícitos. Mesmo a Glosa de Acúrcio, realizada em torno de 1240, é ainda um trabalho rudimentar. Apesar de conter um vasto número de glosas selecionadas e coordenadas internamente, não se percebe ainda uma preocupação sistemática própria.

---

ker, op. cit., pg. 43; e P. Koschaker, op. cit., pg. 77-90). Há quem faça, porém, a distinção entre a interpretação jurídica e a teológica, na medida em que esta não pode superar a Escritura, que mantém sempre uma primazia sobre a interpretação. A este respeito, ver Hans-Georg Gadamer, Verdade y Metodo, pg. 403, Salamanca, 1984.

[55] Cf. Brugi, I. Glossatori nella Storia della nostra Giurisprudenza civile, *in* Per la Storia della Giurisprudenza e delle Universitá italiane, pg. 31-40, Torini, 1915.

No entanto, será justamente a partir desse ponto que se poderá apontar o princípio do pensamento sistemático no direito, especialmente porque ele abre possibilidades a serem desenvolvidas pelos comentadores, sendo igualmente considerado o início da dogmática jurídica européia[56]. Isto se dá em virtude da superação que os glosadores realizam diante do casuísmo romano. Eles operavam com base em decisões. Coube aos glosadores identificar os casos próximos e apontar os princípios que os regravam. Saía-se, portanto, do particular para o geral[57].

A análise feita pelos comentadores, por sua vez, é diversa da que era, até então, utilizada pelos glosadores. Mantém-se a mesma ordem expositiva no plano externo, seguindo a linha do *Corpus Iuris*. Entretanto, a ordem interna se altera substancialmente, pois se tem a maior liberdade na exploração das matérias a fim de estabelecer novas conexões entre as diversas partes do texto. Para atingir esse objetivo, passa-se a utilizar trechos de todos os setores do *Corpus Iuris* com uma dependência bem maior.

Os comentadores, portanto, ampliaram o campo do trabalho, explorando áreas que até então não tinham sido versadas pelos glosadores. Serão eles, enfim, que converterão o direito justinianeu em direito comum europeu, bem como contribuirão a modificar a postura científica vigente até então, para um comportamento essencialmente voltado para as definições e para a natureza das coisas[58]. Todavia, é preciso assinalar que com o passar do tempo, o estilo característico dos comentadores, o *mos italicus*, sofrerá uma decadência, que será devidamente criticada pelos humanistas.

---

[56] A respeito de distinção entre dogma e sistema, cf. Paolo Cappellini, op. cit., nota 53.

[57] Cf. Brugi, op. cit., pg. 37.

[58] Ver Ricardo Orestano, Introduzione allo Studio del Diritto Romano, Il Mulino, 1987, pg. 148-151.

Seção 3 - Humanismo

Os humanistas se batiam por inúmeras reformas, seja no campo filosófico, seja no setor jurídico. Nesse último, criticavam severamente desde o latim até o método de ensino praticado pelos comentadores. Quanto à noção de sistema, o movimento humanista preconizava uma maior preocupação pela sistematização dos princípios jurídicos, embora se diga que nos seus escritos exista na verdade mais uma obra de síntese do que sistemática[59].

A sua concepção, por sua vez, ao contrário do que sucederá mais tarde com os jurisnaturalistas, baseia-se na dialética, e não na matemática. Sua fonte de inspiração, aliás, era já a referida obra de Cícero, *De iure civile in artem redigendo*. Aponta-se a origem dessa preocupação na obra de Pierre de la Ramée (1515-1572), que propunha dispor a matéria segundo critérios lógicos que supunham a passagem gradual dos princípios universais mais genéricos e logicamente anteriores, aos particulares[60].

É preciso ressaltar, porém, que o humanismo é, também, um movimento de renovação romanista. Assim, um de seus maiores nomes, Jacques Cujas (1552-1590), se dissocia dos demais humanistas ao pretender uma obra de reconstrução do Digesto, não se preocupando com o aspecto da renovação da ordem de exposição das matérias jurídicas[61]. Da mesma forma, Alciato

---

[59] Cf. M. Losano, op. cit., pg. 40, nota 17.

[60] Cf. Vincenzo Piano Mortari, Dialettica e giurisprudenza, Studio sui trattati di dialettica legale del sec. XVI, *in* Diritto Logica e Letodo nel secolo XVI, pg. 238, Jovene Editore, 1978, Napoles.

[61] Sobre Cujas, ver Jacques Flach, Cujas - Les Glossateurs et les bartolistes, *in* Nouvelle Revue Historique de Droit Français et Etranger, pg. 205-207, 1883; Pierre Mesnard, La Place de Cujas dans la querelle de l'humanisme juridique, *in* Revue Historique de Droit Français et Etranger, 28 (1950), pg. 521-537; Berriat-Saint Prix, Histoire du Droit Romain suivie de l'histoire de Cujas, Paris, Nève, 1821; especificamente Francisco Carpinteros, Mos Italicus, mos galicus y el humanismo racionalista. Una contribución a la historia de la metodología jurídica, in Ius Commune, 6, 1977, pg. 117-120.

foi reticente em relação à tentativa de uma nova sistematização a ser feita pelos humanistas, preferindo manter-se fiel à ordem do Digesto[62].

Entretanto, apesar dessa postura de alguns dos membros mais eminentes do humanismo, vários juristas consideraram que o método anterior deveria ser superado. Um dos que primeiro formularam uma nova proposta de sistema foi Sebastian Derrer, que teve por objetivo elaborar um tratado completo de todo o Direito, seguindo o esquema gaiano. Não consegue, porém, terminá-lo. Seu método consistia em elaborar um processo de dedução sucessiva, em que, a partir de um conceito fundamental de Direito, desdobrar-se-iam os conceitos sucessivos dos mais gerais até os mais particulares. Suas críticas não se limitavam à metodologia bartolista, mas igualmente aos defeitos da sistemática romana, que julgava serem intrínsecos a sua natureza. Realizou, inclusive, uma conclamação ao imperador Maximiliano I a fim de que fosse ordenada a legislação em face da situação caótica em que se encontrava a jurisprudência[63].

Um outro contributo importante é o de Johann Apel, que pretende utilizar a dialética a fim de que o Direito possa ser exposto de forma mais sistemática. Sugere tratar a matéria baseado nos seguintes itens: *definitionem, divisionem, causam efficientem, effectum, adfinem et contrarium*[64].

É importante observar que prosperou entre os humanistas, como base para suas tentativas de sistematização, o modelo das Institutas. A partir da fórmula gaiana, pessoas - coisas - ações, desenvolveram os humanistas

---

[62] Nesse sentido, ver F. Capinteros, op. cit., pg. 151 e R. Orestaño, op. cit., pg. 164, nota 71; contra, preferindo ver em Alciato uma conexão com a linha de renovação do caráter sistemático, V. Piano Mortari, Pensieri di Alciato sulla giurisprudenza, *in* Diritto, Logica, Metodo, op. cit., pg. 364.
[63] Cf. V. Piano Mortari, Dialettica e Giurisprudenza, *in* Diritto, Logica, Metodo, op. cit., pg. 260.
[64] Ver a respeito, Vincenzo Piano Mortari, Dialettica e Giurisprudenza, *in* Diritto, Logica, Metodo, op. cit., pg. 131.

suas novas concepções com maior ou menor grau de autonomia em relação ao esquema original[65].

Entre as inúmeras obras do movimento humanista, destacam-se, quanto ao sistema, as de François Connan e Hughes Doneau. A obra de François Connan, *I Commentari Iuris Civilis*[66], não foi completada devido a sua morte súbita, com apenas 43 anos. Foi, efetivamente, o primeiro jurisconsulto francês a mostrar-se apto a inserir o *ius civile* em um modelo dotado de certa ordem, sendo que as suas influências são dadas como sendo Aristóteles e Cícero[67]. Por um lado, sua originalidade está em que não seguiu fielmente a ordem de Gaio, estabelecendo em relação às ações uma abrangência maior, pois nela compreendia não só as ações judiciárias, mas os fatos jurídicos, inclusive o campo contratual. De outro, sua obra se apóia nos princípios da razão para reelaborar a matéria jurídica, o que marca o pensamento de sua época, proporcionando um afastamento dos propostos por Triboniano.

Contudo, a obra mais ampla da escola culta é a de Hughes Doneau (1527-1591), com os vinte e oito livros de seus *Commentari iuris civilis*, cuja influência foi muito grande, tanto na França quanto na Alemanha[68]. Apesar da denominação de sua obra - comentários -, nela se encontra a tentativa mais bem acabada de afastar-se do modelo de exposição justinianeu. Nela expôs de forma sistemática o Direito Romano, adotando o seguinte pla-

---

[65] Para as razões da adoção do esquema de Gaio, cf. R. Orestano, op. cit., pg. 166-167.

[66] Cf. V. Piano Mortari, La Sistematica come ideale umanistico nell'opera di Francesco Connano, *in* Diritto, Logica, Metodo, op. cit., pg. 304-317; mais recentemente, ver L'ordo iuris nel pensiero dei giuristi francesi del secolo XVI, *in* Itinera Juris, Ed. Jovene, Napoli, pg. 389-396.

[67] Ver a respeito, V. Piano Mortari, L'ordo iuris dei giuristi francesi, op. cit., pg. 390.

[68] Cf. Piano Mortari, Diritto Romano e Diritto Nazionale *in* Francia nel secolo XVI, Giuffrè, Milano, 1962, pg. 134-143; R. Orestano, op. cit., pg. 168. Sobre a influência de Doneau em França, cf. A. J. Arnaud, Les Origines doctrinales du Code Civil français, LDGJ, 1969, pg. 12-123.

no em três partes: pessoas - bens - aquisição de bens. Segundo Doneau, o fundamento do Direito se encontrava, por igual, na razão e não no princípio da autoridade. De modo que não teve dúvidas em inverter a ordem estabelecida na obra de Justiniano, a qual julgava confusa e incompleta, apesar de reconhecer - como membro do humanismo - a sua importância doutrinária. Mas para Doneau, ao contrário de Cujas, por exemplo, o Direito Romano era somente um ponto inicial para suas formulações sistemáticas[69].

Vê-se, portanto, através dessa análise sumária, que o movimento humanista andou por uma estrada dupla: de um lado a crítica severa pela ausência de método dos juristas que o antecederam; de outro, a necessidade de preservação do *Corpus Iuris* como depositário da matéria jurídica européia.

É certo, porém, que foram os humanistas os primeiros a se dedicar a construir um edifício sistemático a partir do *Ius Commune*. A circunstância de a escola culta ter tido maior êxito na França do que na Itália e na Alemanha, por exemplo, sem dúvida proporcionou um impulso à teoria da codificação naquele país. No entanto, o verdadeiro passo adiante nessa trajetória só seria dado quando se estabeleceram as bases de uma ciência moderna, o que acontecerá com Descartes e, na ciência jurídica, com os seguidores do jusranacionalismo.

Seção 4 - O jusnaturalismo racionalista

O movimento jusracionalista, na verdade, representa apenas um pequeno momento dentro do contexto maior que é o jusnaturalismo. Com efeito, sempre se discutiu a respeito do direito natural. Ocorre que devido ao grande distanciamento existente nos estudos da ciên-

---

[69] Cf. André-Jean Arnaud, op. cit., pg. 123.

DA CODIFICAÇÃO
CRÔNICA DE UM CONCEITO

cia do direito, no início da fase moderna, em relação às ciências naturais, especialmente no campo sistemático, desenvolveu-se um direito natural baseado na razão. Atribui-se, em geral, a Hugo Grócio (1583-1645) o título de fundador do jusracionalismo, especialmente devido a sua obra *De Iure belli ac pacis*. Contudo, desde algum tempo tem-se manifestado a tendência a revalorizar esse entendimento, acentuando o caráter pouco original da obra de Grócio, que teria apenas desenvolvido idéias que outros juristas já haviam esboçado anteriormente, como é o caso de Francisco de Vitória e Alberto Gentile, para o Direito Internacional[70]. Mais ainda, estabeleceu-se, por igual, uma nítida influência da segunda escolástica espanhola para o pensamento de Grócio[71]. A razão para sua fama estaria, então, no seu sentido de equilíbrio, bem como na sua capacidade de expor uma doutrina clara e elegante, o que o distanciaria de autores anteriores, com obras extraordinariamente extensas[72]. Aliás, é interessante destacar que Grócio não esconde essa influência, pois são numerosas as suas citações aos autores espanhóis[73].

Foi, efetivamente, essa corrente que mais contribuiu para o desenvolvimento e consolidação da idéia de código, especialmente em relação com a de sistema. De fato, para os adeptos do jusracionalismo, constitui-se em prioridade o desenvolvimento de um sistema para a ciência do Direito que a equiparasse aos das ciências

---

[70] Cf. G. Fassò, Storia della filosofia, vol. II, L'età moderna, Il Mulino, pg. 104-108.

[71] Fundamental a esse respeito, o volume La Seconda Scolastica nella formazione del diritto privatto moderno, Giuffrè, Milano, 1973.

[72] Cf. Carpintero, op. cit., pg. 169, e Robert Feenstra, Grocio y el derecho privado europeo, *in* Anuario de Historia del derecho espanhol, 45 (1975), pg. 605-621.

[73] Segundo R. Feenstra, op. cit., pg. 613, Grócio cita Vitória 56 vezes, Covarrubias 53 e Sotoyvasques 30, o mesmo número de citações atribuídas a Bartolo e Baldo.

naturais[74]. Pretendia-se atribuir ao Direito a mesma precisão matemática que caracterizava as demais ciências. A base para essa concepção só poderia residir na obra de Descartes (1596-1650). Com efeito, é a partir do Discurso do Método que se estabelece, de modo definitivo, o uso da razão a fim de conceber um sistema essencialmente calcado no raciocínio matemático[75], em que as proposições partem do mais simples até o mais complexo[76]. Será esse o sistema a ser adotado, mais tarde, pelos códigos. E dentre as contribuições do jusracionalismo para a teoria da história da codificação devem ser destacadas as seguintes: a de Pufendorf, Leibniz, Wolff, Domat e Pothier.

Pode-se dizer que o primeiro a seguir os passos de Grócio tenha sido Samuel Pufendorf (1632-1694). Foi ele que, mais do que qualquer outro antes dele, guiou a atividade racional por um caminho metódico ou sistemático. Inicialmente, cumpre destacar um aspecto interessante de seu sistema, que é o de fugir ao modelo das Institutas[77]. Ele estabelece seu plano com base na noção

---

[74] Nesse sentido, "If natural law connects law and mathemathics in this way it is because it considers both as symbolizing the same fundamental energy. The doctrine of natural law looks upon law and mathematics as the best evidence of the autonomy and spontaneity of the intellect." Cf. Cassirer, The Philosophy of the enlightment, pg. 238, Boston, 1961.

[75] Não se pense, porém, que se trata de uma idéia totalmente nova. Com efeito, não se pode desconhecer que se reflete, aqui, um retorno à concepção grega já esboçada em Pitágoras, no sentido de a essência das coisas estar baseada no número. Coloca-se, portanto, já no mundo grego, a partir da descoberta de o elemento matemático estar presente na música, a noção da matemática como centro do mundo. Percebe-se, por fim, a eterna oscilação na história das idéias, pois da mesma forma que a doutrina pitagórica substitui o culto de Dionísio, a concepção cartesiana afirma-se como manifestação da *ratio* na disputa com os conceitos teocêntricos.

[76] Cf. Discour de la Methode, 2ª parte, pg. 65-66, Paris, 1946, ed. J. Vrin.

[77] Seu sistema é demonstrado em sua obra *De iure naturae et gentium*, que é dividido em oito livros: generalidades sobre as ciências morais; deveres do homem em relação a si mesmo, no que concerne a sua alma e a seu corpo; deveres do homem em relação aos demais; convenções em geral; direitos sobre as coisas deveres decorrentes da propriedade; deveres que nascem das obrigações; direitos e deveres em relação às pessoas da família (filhos e domésticos); e nos últimos dois livros direitos e deveres do soberano. Con-

de dever dos indivíduos, sendo essencialmente subjetivista. Na sua estrutura, portanto, percebe-se a concepção de direito subjetivo[78] Em conseqüência, sua contribuição torna-se fundamental na medida em que a sua idéia de sistema vai servir às codificações futuras, porquanto todas elas têm como fonte inspiradora essa constante tentativa de sistematização do *Ius Comune*. A importância do pensamento de Gottfried Wilhelm Leibniz (1646-1716), por sua vez, é bastante conhecida. A par de jurista, foi também matemático, político, lingüísta e teólogo eminente. Mas sua relevância para essa exposição reside em que dele deve ser considerado o verdadeiro propagador da teoria codificadora[79]. Essa circunstância encontra explicação, em primeiro lugar, no fato de que Leibniz teve uma preocupação quase que obsessiva com a realização de sistemas [80] [81]. Ademais, é importante salientar que em Leibniz se percebe a união entre o jurista e o matemático. Por conseguinte, é natural, para ele, que essa ciência, a Matemática, se constituísse em um ideal de sistema a ser igualado. Por outro lado, é necessário salientar que Leibniz não trabalhava

---

sultou-se Le droit de la nature et des gens ou systeme general des principes les plus importants de la morale, de la jurisprudence, et de la politique, Londres, chez Jean Nours, 1740.

[78] Cf. M. Villey, Les foundateurs de l'école du droit naturel moderne au XVII siècle, *in* Archives de Philosophie du Droit, 6, 1961, pg. 87.

[79] Cf. A. Guzman Britto, La Fijación del Derecho, op. cit., pg. 81-85, especialmente pg. 81.

[80] Cf. M. Villey, op. cit., pg. 100.

[81] Sobre a idéia de sistema em Leibniz, ver G. Scolari, Metafisica e diritto *in* Leibniz, *in* Studi Storici di Filosofia di diritto, Giappicheli, Torino, 1949, pg. 179-206; Tulio Ascarelli, Hobbes e Leibniz e la dogmatica giuridica, *in* T. Hobbes-G. W. Leibniz, Testi per la Storia del Pensiero Giuridico, Giuffrè, Milano, 1960, pg. 34-69; M. Villey, op. cit., pg. 131-133; A. J. Arnaud, op. cit., pg. 131-133; C. Vasoli, Enciclopedismo, Pansofia e Riforma Metodica del diritto nella nova methodus di Leibniz, *in* Quaderni Fiorenti, 2, 1973, pg. 37-109; G. Tarello, op. cit., pg. 133-144, G. Fassò, op. cit., pg. 235-237; G. Grua, La Justice humaine selon Leibniz, Presses Universitaires de France, Paris, 1956, pg. 265-289.

com uma idéia abstrata de direito. Bem ao contrário, se ocupava do direito vigente na Alemanha em que vivia. A sua preocupação foi sempre, de forma preponderante, com a aplicação de um ordenamento dado[82]. Nesse sentido, não descuidava o Direito Romano por que tinha grande admiração[83]. É, porém, extremamente crítico em relação à falta de sistematização da obra de Justiniano, seguindo aqui a linha racionalista. Critica, inclusive, o modelo gaiano em relação às ações por tratar-se de uma concepção supérflua[84]. No entanto, ao mesmo tempo em que o critica, procura estabelecer uma metodologia em que esteja reconstituído o Direito Romano, segundo uma sistemática nova. Seu sistema, exposto na obra *Nova Methodus discendae docendaeque jurisprudentiae*, guarda certa vinculação com o das Institutas, pois divide-se em três partes: sujeitos, objetos e causas[85].

Acrescente-se que Leibniz não limitou ao Direito Romano sua visão sistemática, pois procurou reuni-lo - e aqui se vislumbra mais uma vez a sua originalidade - com o direito consuetudinário germânico. Ambos deveriam estar integrados, o que o diferencia dos demais juristas de sua época e está relacionado com a sua visão marcadamente generalista e, em certa medida, enciclopédica[86]. Por fim, saliente-se que Leibniz não foi somente um teórico da codificação, pois em 1678 realizou um projeto de código imperial para ser apresentado ao Imperador Leopoldo I, que não foi acolhido[87].

Na linha de Leibniz, cumpre mencionar Christian Wolff (1679-1754), que desempenhou um papel funda-

---

[82] Cf. T. Ascarelli, op. cit., pg. 07.

[83] Elaborou, inclusive, um novo plano para o edito pretoriano. Cf. G. Grua, op. cit., pg. 281.

[84] Cf. C. Vasoli, op. cit., pg. 68.

[85] A parte dos sujeitos subdivididos em pessoas e bens; a dos objetos, em corpos do sujeito, bens e pessoas de terceiros. As causas, por sua vez, quanto à natureza, sucessão e ações. Cf. G. Grua, op. cit., pg. 227-281.

[86] Cf. C. Vasoli, op. cit., pg. 42.

[87] Cf. G. Grua, op. cit., pg. 281.

mental como sistematizador[88]. Wolff, da mesma forma que sucedeu com Leibniz, possuía uma sólida formação matemática que reunia ao conhecimento filosófico. A sua teoria constituiu-se, inclusive, num ponto de partida para a concepção de sistema externo[89]. De fato, a sua concepção sistemática teve notável repercussão, influenciando de modo determinante o pensamento alemão. No entanto, é muito difícil precisar o grau de influência do seu pensamento no Direito francês. Embora tenham sido conhecidas, sempre existiu uma obstinada resistência contra as idéias wolffianas[90].

Por outro lado, Wolff teve como discípulos juristas que transmitiram os seus preceitos sistemáticos à ciência jurídica da segunda metade do século XVIII, entre eles D. Nettebladt (1719-1791), J. Darjes (1714-1791) e J. Putter, que representam uma transição entre o jusnaturalismo e a pandectística[91].

A importância de Jean Domat (1625-1696), por sua vez, está indissociavelmente ligada a sua obra *Les Lois Civiles dans leur ordre naturel*. Nele se revela uma dupla influência: o jansenismo e o jusracionalismo[92]. A propos-

---

[88] Cf. M. Losano, op. cit., pg. 6273; G. Tarello, op. cit., pg. 144-150: Marcel Thoman, Histoire de L'ideologie juridique au XVIII siècle, ou le droit prisionner des mots, *in* Archives. Phil. Droit, 19 (1974), 136-140; F. Wieacker, op. cit.,pg. 360-363; M. Thoman, Influence du philosophe allemand Christian Wolff (1679-1754) sur l'Encyclopédie et la pensèe politique et juridique du XVIII siècle, *in* Archives de Philosophie du Droit, 13, 1968, pg. 233-248.

[89] Cf. M. Losano, op. cit., pg. 70.

[90] Destacando a escassa difusão das idéias de Wolff na França, cf. A. J. Arnaud, op. cit., pg. 12-14. Ressalvando, porém, a sua influência em França, especialmente entre os enciclopedistas, cf. Marcel Thomman, influence du philosophie allemand, pg. 248.

[91] Cf. F. Wieacker, op. cit., pg. 364-365; G. Tarello, op. cit., pg. 153-156 e P. Cappellini, op. cit., pg. 222-235.

[92] Saliente-se que Domat era profundamente ligado a Pascal. Logo após a conversão ao jansenismo de Pascal, segue-se a sua. Sobre Domat jansenista, ver em Nicola Matteuci, Jean Domat, um magistrato giansenista, Il Mulino, 1959, pgs. 25-27 e Franco Todescan, Le radice teologiche del giunaturalismo laico, vol II, Il problema della secolarizzazione nel pensiero giuridico di Jean Domat, Giuffrè, 1987, pgs. 3-19.

ta de Domat é, precisamente, a de por em ordem o direito existente na sua região. Nesse particular, aliás, estabelece-se um ponto de contato entre ele e Leibniz[93].

Para alcançar esse objetivo, Domat utiliza o racionalismo, isto é, o método científico em vigor baseado em Descartes a fim de que o direito se tornasse compreensível.

Esclareça-se que por direito, especialmente o direito privado, há de se entender o Direito Romano. Segundo Domat, o Direito Romano estava mais próximo ao direito natural, pois se a idéia de razão se baseia na soma de experiências humanas, é o Direito Romano o maior depositário dessas mesmas experiências. Cabia, porém, apresentá-lo em uma forma sistemática, conforme princípios claros e precisos, distante das confusões e lacunas que o caracterizavam. Mais ainda, cumpria utilizar a língua francesa para expor o Direito Romano, o que constitui um aspecto inovador em Domat[94].

Por conseguinte, Domat, seguindo a trilha da escola culta, critica severamente a falta de ordem existente no Direito Romano, em especial no *Corpus Iuris*. No entanto, não se limita a essa tarefa, pois propõe, também, um sistema próprio[95] que segue as leis da Matemática mediante procedimentos extraídos das ciências exatas. Nesse sentido, procura construir um método calcado no exemplo cartesiano, em que as proposições obedecem a um rigor lógico e exaustivo, partindo sempre do geral

[93] De fato, discute-se a possibilidade de ter havido influências recíprocas entre Domat e Leibniz, Uma hipótese seria a de que o elemento comum entre eles teria sido A. Arnaud (1612-1694), membro importante de Port-Royal, correspondente de Leibniz e amigo de Domat. Confira A. Guzman Brito, La Fijación del Derecho, op. cit., pg. 109.

[94] Ver a respeito G. Tarello, op. cit., pg. 173.

[95] O seu sistema se desenvolve do seguinte modo: um livro preliminar dividido em três títulos, que tratam na primeira parte das regras de direito, na segunda das pessoas e na terceira das coisas. em seguida, a parte relativa ao Direito Privado se divide em I) Obrigações e II) Sucessões, com conseqüentes subdivisões em livros, títulos, seções e artigos. consultou-se Les loix civiles dans leur ordre naturel, Nyon Ainé Librarie, 1777, Paris.

para o particular. Mas é interessante observar que para Domat as obrigações se baseavam no amor e na caridade, o que demonstra a sua capacidade de conciliar o pensamento cristão com uma sistematização moderna[96]. A sua obra teve um sucesso enorme, embora de maior repercussão teórica do que prática. É visível, portanto, a sua influência para a linha de codificações que surgirão na França, a começar pelo Código Civil, bem como para a introdução do conceito de sistema no direito positivo. No entanto, contrariamente ao que sucedeu com Leibniz, não se percebe em sua obra uma preocupação em elaborar pessoalmente um projeto de codificação.

Robert-Josef Pothier (1699-1772), por sua vez, teve profunda influência sobre o Código Civil francês não só do ponto de vista doutrinal, como também em relação ao aspecto sistemático. Quanto a esse último, que toca mais de perto a esta exposição, seu contributo concentra-se, em primeiro lugar, em uma edição comentada do *Coutume d'Orleans* (1740), em que realiza uma sistematização do direito costumeiro segundo a divisão das Institutas. Mais tarde (1748), em uma outra obra, *Pandectae Justinianeae in novum ordinem digestae*, no capítulo final intitulado *De Diversis regulis juris amtiqui*[97], elabora reordenação do Digesto, com a utilização do esquema de Gaio, em que formula alterações, especialmente no capítulo das coisas.

Vê-se, portanto, que Pothier realiza, conjuntamente, a sistematização do costume e do Direito Romano, para mais tarde produzir uma síntese com os seus tratados, que cobrem toda uma gama de assuntos a partir do célebre tratado das Obrigações. Neles produziu uma série de definições tão bem acabadas que serão mais tarde acolhidas pelo legislador do Código Civil francês.

---

[96] Ver a respeito, A. J. Arnaud, op. cit., pg. 144.

[97] Cf. Pandectae Justinianeae, ed. Paris, 1818.

Com Pothier se conclui, de certa maneira, o capítulo da contribuição jusracionalista para a sistemática. Abrir-se-á um outro caminho, que terá início cinqüenta anos após a sua morte com o Código Civil francês e o advento das codificações oitocentistas. Mas seria redutivo atribuir somente aos aspectos sistemáticos as contribuições para a teoria da codificação. Cumpre tratar, por igual, de um outro fator que muito contribuiu para a teoria da codificação, que é de natureza política.

Capítulo III

A codificação como fator político

A técnica da codificação não se desenvolveu somente em razão dos avanços da sistemática. É evidente que estes foram importantes, mas por si só não teriam sido suficientes para que as codificações surgissem e, mais ainda, tivessem tanto êxito. Na verdade, a partir do desenvolvimento dos Estados absolutos, o conceito de código torna-se ingrediente de uma luta maior. De um lado, o Estado, que aspirava a monopolizar o governo, e, de outro, os defensores da manutenção dos elementos tradicionais da ordem social. Nada mais natural, portanto, que surgisse uma tensão a esse respeito. O código, então, a par de elemento técnico, apresenta-se como um instrumento capaz de conciliar a noção emergente de Estado com duas preocupações que à época se colocavam: primeira, a unificação do Direito, mediante o surgimento de um Direito Nacional, e, segunda, a maior racionalidade jurídica, por um corpo de regras que englobasse a totalidade do ordenamento jurídico em substituição à pluralidade de fontes até então existente.

Cumpre, desse modo, verificar, muito embora de maneira sucinta, quais os fatores políticos que possibilitaram o surgimento do tema deste estudo.

Seção 1 - A situação do direito comum

No final da Idade Média, a característica mais marcante do Direito era a de que ele não se apresentava ligado ao conceito que hoje se denominaria de Estado. De fato, um aspecto relevante nesse período era a presença em cada país de uma multiplicidade de fontes normativas. Existiam, de um lado, os direitos locais (com seus estatutos e costumes), bem como a legislação do poder central desses países[98]. De outro, o *Corpus Iuris*, que se constituía em uma fonte independente da autoridade estatal e, sob vários aspectos, superior. Acrescente-se, por fim, o Direito Canônico, com aplicação às matérias espirituais. Em suma, o que marca todo o período que abrange a Idade Média até a Idade Moderna é o pluralismo de fontes no setor jurídico, em especial no Direito Civil[99].

O Direito comum, que durante largo tempo constitui a base do Direito europeu, passa a conhecer, porém uma crise em virtude exatamente das características acima indicadas. Na verdade, o que marcava o *Ius Commune* era, entre outros aspectos, a sua natureza aberta e ao mesmo tempo contraditória. Mais ainda, o seu controle desde sempre pertencia aos juristas, que o interpretavam e que emitiam opiniões doutrinárias[100].

No entanto, com o passar do tempo, essa constante atividade de interpretação do *Corpus Iuris*, com a conseqüente produção de obras doutrinárias, atinge um número extraordinário. Em conseqüência, passa a constituir-se em um entrave a ser superado na medida em que essa verdadeira torrente de opiniões, muitas vezes contraditórias entre si, gerava toda sorte de dificuldades para a aplicação do Direito.

---

[98] Com efeito, a partir do século XIII já aparecem certas leis. É o caso das leis de Barbarossa, de 1152, das Sete Partidas, na Espanha em 1256, ou mesmo a redação dos Costumes, feita na França por Philippe de Beaumanoir, em 1283. Esse desenvolvimento legislativo constitui, sem dúvida, um aspecto do processo de formação do Estado. Cf. Armin Wolf, Legislación y codificación, *in* Revista de Estudos Histórico-Jurídicos, IX, 1984, pg. 81-109.

[99] Cf. Paolo Grossi, Absolutismo jurídico y derecho privado nel siglo XIX, Editora Universidade de Barcelona, 1991, pg. 12.

[100] Cf. A. Cavanna, Storia del diritto moderno *in* Europa, Le Fonti e il pensiero giuridico, Giuffrè, Milano, 1982, 194-195.

Por outro lado, a circunstância de coexistirem numa mesma região uma multiplicidade de disposições normativas dava ensejo a uma situação a que se atribui a denominação de particularismo jurídico[101]. Essa expressão não possui uma acepção unívoca. Inicialmente ela representa a ausência de unidade jurídica, na medida em que vigoravam num determinado local várias ordenações, como é emblemático o caso francês, em que vigorava no Norte um direito consuetudinário, enquanto no Sul vigia o Direito Romano. Essa diversidade se acentua ainda mais - e com ela o grau de particularismo - na medida em que em regiões contíguas se podia encontrar um Direito consuetudinário diverso. Ao Direito comum, portanto, contrapunham-se os Direitos particulares, isto é, o *Ius Proprium*[102].

Ademais, existia toda uma série de distinções em relação aos sujeitos de Direito, bem como aos tipos de bens. Havia privilégios corporativos e de *status* que ampliavam o estado de desarmonia do ordenamento jurídico. Essa circunstância contribuía para a formação de uma pluralidade de relações entre pessoas e coisas, bem como entre os diversos tipos de categorias.

Tudo isto revela a extrema dispersão do ordenamento medieval, bem como deixa perceber como era difícil a coordenação entre as fontes na medida em que era freqüente a superposição entre elas. Não era fácil, portanto, delimitar a sua área de ação, nem encontrar a norma aplicável ao caso concreto[103].

---

[101] Ver a respeito, G. Tarello, op. cit., pg. 28-34.

[102] Para melhor ilustrar, cumpre dizer que poderia ser estabelecida uma regra geral, em princípio válida para todos. Contudo, poderia suceder que a esse regramento sobreviesse toda uma série de exceções, fixadas por outras fontes, a favor ou contra determinadas categorias de pessoas. Acrescente-se que estas eram divididas conforme o *status* social, profissional, religioso, etc. Ver para maiores considerações, A. Cavana, op. cit., pg. 214-216.

[103] Obviamente o perfil traçado do *Ius Commune* é extremamente simplificado. Na realidade, o regramento jurídico variava, inclusive, na esfera local. Assim, nas inúmeras vezes em que a legislação proveniente do soberano não era suficiente para dirimir uma questão - o que era freqüente -, cabia às normas

Acrescente-se que existia também uma pluralidade de jurisdições, em face do que cada uma seria competente em razão de um determinado *status* pessoal das partes. Ora, diante do grande número de sujeitos, como já se referiu, havia um correspondente número de jurisdições, sejam elas corporativas, comerciais, feudais ou eclesiásticas. Nada mais natural, portanto, do que os freqüentes conflitos de competência que se sucediam. Esse quadro se desenrolava no contexto da Europa central[104], seja na França, onde existia a dualidade já salientada entre Direito Romano e Direito comum, seja no âmbito dos estados germânicos, como também na Itália[105]. Essa situação identificada como particularismo jurídico representa, basicamente, a situação da sociedade medieval. Esta se apresentava, em essência, setorizada em classes e em castas e apoiada numa concepção corporativista das instituições jurídicas. Tratava-se de uma sociedade altamente hierarquizada, em que a concepção de ordem representava um papel fundamental[106]. A noção de privilégio se encontrava profundamente inserida em seu interior, de forma que era extremamente difícil atingir o ideal de um Direito mais igualitário[107].

---

locais regular a matéria, e poderia ocorrer, então, que se encontrasse defronte a uma variedade de soluções para um determinado problema jurídico. Cf. Francesco Calasso, Introduzione al diritto comune, Milano, 1951, Giuffrè, pg. 33-136.

[104] É importante ressaltar que o mesmo fenômeno não ocorria - pelo menos com as mesmas características - em Portugal. Não cabe aqui, porém, resgatar o conhecido debate acerca da existência ou não do feudalismo em Portugal e sobre as particularidades do Direito Comum português. Sobre o assunto, remete-se à acurada nota de Antonio Manuel Hespanha, *in* John Gilissen, Introdução Histórica ao Direito, Fundação Calouste Gulbenkian, pg. 191-192.

[105] Ver a respeito, V. Piano Mortari, Tentativi de codificazione nel Graumducato di Toscana nel secolo XVIII, *in* Itinera Juris, Jovene Editore, 1991, pg. 403-406, que descreve o regime normativo no grão-ducado da Toscana.

[106] Cf. Johan Huizinga, O Declínio da Idade Média, pg. 57-59, 2ª ed., ed. Ulisséia, s/d.

[107] Cf. A. Cavanna, op. cit., pg. 221.

Em razão da situação exposta, verifica-se que inexistia uma unidade jurídica no ordenamento positivo, o que conduzia a sérios efeitos no plano da certeza jurídica. De fato, a insegurança jurídica era uma constante, porquanto inicialmente, era muito difícil aos indivíduos terem conhecimento do ordenamento jurídico. O mesmo sucedia com o magistrado, que enfrentava dificuldades em situar-se em frente ao emaranhado de normas com que se defrontavam. Cabia ao juiz a árdua tarefa de encontrar a norma aplicável, entre inúmeras disponíveis, bem como selecionar qual a mais autorizada entre as várias opiniões existentes. Tudo isto, portanto, contribuía para gerar um quadro de insegurança e insatisfação. Bem ilustrativas do panorama acima delineado, aliás, são as conhecidas críticas de Muratori[108].

Seção 2 - O absolutismo

Foi o absolutismo um fator indispensável para que se pudesse superar o estado de particularismo jurídico vivenciado pelos ordenamentos jurídicos europeus. Esse fenômeno caminha paralelamente ao da formação e desenvolvimento das grandes monarquias européias. Na verdade, este procede àquele e fornecerá as bases para o seu desenvolvimento[109].

Um contributo fundamental do absolutismo, para a decadência do Direito comum, foi precisamente a sua

---

[108] "Il piu consiste *in* tante questione con dottrine affermative e negative, divioni, suddivisioni, eccezioni, ampliazioni, limitazioni, inventate e promosse dagli interpreti trattatisti e consulenti, per le quali giunte tutto il saper legale è *in* oggi pieno di opinioni, cioè colmo di confusione con danno grave del pubblico e del privato". Ver a respeito in "Dei difetti della giurisprudenza", Napoli, 1776, pg. 16.

[109] Cf. Pieno Pieri, Formazione e Sviluppo delle grandi monarchie europee, *in* Questioni di Storia Medievale, Carlo Marzorati Editore, Milano, 1951, 475-499, e Werner Naf, Le prime forme dello Stato Moderno nel basso medioevo, *in* Lo Stato Moderno, I, Dal Medioevo all'etá moderna, pg. 51-68.

tendência à uniformidade e a privilegiar, portanto, a lei em relação às demais fontes, o que até então não sucedia. É certo que isto não significou a extinção dos privilégios, que sobreviverão até a Revolução Francesa. Mas a noção mesma de absolutismo com a sua conseqüente política de centralização fazia com que fosse menos necessário o aparato feudal. Bem ao contrário, a concepção monárquica e absolutista visava justamente a dissolver esse referido aparato a fim de poder implantar, de forma mais sólida, a sua política de unidade administrativa e legislativa. Nesse sentido, a codificação aparecia como instrumento ideal para atingir este desiderato.

Será a França o primeiro estado da Europa central em que o rei deixa de ser o chefe da hierarquia feudal para formar uma monarquia territorial e nacional. É certo que em Portugal, pioneiramente, estabeleceu-se o centralismo e a constituição de um Estado nacional. Remonta a Afonso III (1250) a supremacia da legislação geral sobre os costumes, como conseqüência do fortalecimento da autoridade do rei. Será justamente esse esforço dos governantes portugueses a propiciar o surgimento, já em 1447, das Ordenações Afonsinas. (Cf. Mário Júlio de Almeida Costa, *Apontamentos de História do Direito Português*, pg. 284 e 305, ed. policopiada, 1982-1983). No entanto, é também verdadeiro que essa primazia não originou uma codificação original. O código civil português somente aparecerá em 1867, com forte influência das idéias francesas. É por esta razão que neste capítulo se segue, com mais atenção, a evolução do direito francês.

Os primeiros sinais desse longo processo podem ser percebidos com Felipe Augusto (1187-1214). Ele obtém vários êxitos na sua luta para firmar-se diante dos senhores feudais. De fato, consegue vencer os ingleses e subtrair de seu controle importantes regiões francesas, aumentando consideravelmente os seus domínios.

Essa política prossegue com os seus sucessores, sendo que a partir de Luís IX (1126-1270) o poder real vai pouco a pouco se aperfeiçoando. Desenvolve-se um corpo de funcionários que compõem uma burocracia fortalecida. Institui-se em Paris o Tribunal de Apelo e a Corte de Justiça Administrativa, que representam um grande fator de centralização estatal na medida em que retiram poderes da antiga "Curia Regia"[110]. Por fim, com Felipe, o Belo, o próprio clero é subordinado ao pagamento de impostos. Em face da luta contra a Igreja, Felipe, o Belo, convoca os Estados Gerais a fim de aumentar o seu poder[111]. Em razão do poderio francês e de seus interesses contrapostos aos ingleses, desenrolar-se-á a Guerra dos 100 anos. Contudo, ao seu final, o poder monárquico se encontrará amplamente consolidada e apto a implementar o ideal absolutista.

Também na Espanha inicialmente dividida em vários reinos, de que são exemplos Castela e Aragão, o poder monárquico se impôs sobre as forças feudais. O marco para o fortalecimento da monarquia espanhola foi justamente o matrimônio entre essas duas casas. Esse fato concede maiores condições para que o poder central recupere a sua capacidade de ação. Assim, recuperam-se territórios até então em poder dos nobres, aperfeiçoa-se o controle sobre os funcionários reais e também o clero é submetido ao poder real, pois passa a ser obrigado a pagar impostos com base na concordata de 1482. Embora nessa época não se encontrem mais forças capazes de opor-se ao poder real, será somente com Carlos V que se alcançará propriamente o absolutismo.

A trajetória que levou à formação das grandes monarquias não conheceu na Itália e na Alemanha o mesmo

---

[110] Ver a respeito, Piero Pieni, op. cit., pg. 477.

[111] O que constituiria uma demonstração do dualismo, característica reputada fundamental para a forma inicial de Estado Moderno, porquanto o poder monárquico não seria capaz, solitariamente, de cumprir todas as tarefas públicas, bem como de reunir os dispersos direitos estatais. Conf. a respeito Werner Naf, op. cit. pg. 55-68.

sucesso. Embora se possa vislumbrar certas tentativas de centralização no Quatrocentos[112], na Itália o poder do Estado não teve força suficiente para desempenhar desde cedo um papel central e unificador. O absolutismo se desenvolverá, portanto, onde já se consolidou o poder real. De fato, a conquista do Estado pelo monarca e a afirmação de sua autonomia são condições para o estabelecimento do regime absoluto[113]. A sua primeira elaboração teórica ocorre com Jean Bodin (1530-1596), em 1576, em sua obra *De la République*[114]. No pensamento de Bodin, rico e ao mesmo tempo pleno de contradições, tanto se pode valorizar os elementos liberais quanto o filão absolutista. Ou mesmo, destacar somente o seu contributo à teoria da soberania, sobre a qual baseia o seu conceito de Estado[115]. Entre tantos aspectos importantes, cumpre destacar o realce dado por Bodin à função legislativa na medida em que sustenta ser esta uma prerrogativa típica da soberania e identifica no poder que elabora a Lei o elemento apto a sintetizar esse conceito[116].

Uma outra contribuição fundamental para o absolutismo encontra-se em Thomas Hobbes (1588-1679)[117].

---

[112] Esse movimento é identificado já com Amadeo VIII no Estado sabaudo e com Alfonso, o Magnânimo, no reino de Sicília e de Nápoles. Cf. V. Piano Mortari, Ordinamenti politici e Diritto nel secolo XVI, *in* Itinera Juris, op. cit., pg. 96.

[113] Cf. Antonio Amorth, Dallo Stato absoluto allo Stato constituzionale, *in* Questioni di Storia Moderna, pg. 410, Carlo Marzorati, Milano, 1951.

[114] Ver a respeito, V. Piano Mortari, La Formazione Storica del diritto moderno francese - Dottrina e Giurisprudenza del secolo XVI, *in* Itinera Juris, op. cit., pg. 128-133; G. Tarello, op. cit., pg. 48-49, 1976; Antonio Amorth, op. cit., pg. 497-501; V. Piano Mortari, Diritto Romano e Diritto nazionale *in* Francia nel secolo XVI, op. cit., pg. 111-124; Vitor Ivo Comparatto, Introduzione a Bodin - Antologia di Scritti politici, Il Mulino, 1981.

[115] Cf. Vitor Ivo Comparatto, op. cit., pg. 10.

[116] Cf. V. Piano Mortari, La Formazione Storica, op. cit., pg. 132 e Bodin e l'idea cinquecentesca della codificazione, *in* Itinera Juris, op. cit., pg. 81-92.

[117] Ver a respeito, T. Ascarelli, Hobbes e Leibniz e la domática giuridica, op. cit., pg. 7-34; G. Fassó, op. cit., pg. 139-154; G. Tarello, op. cit., pg. 59-66; F. Wieacker, op. cit., pg. 345-347; Hanz Welzel, Diritto naturale e giustizia materiale, Giuffrè, Milano, 1962, pg. 171-185.

DA CODIFICAÇÃO
CRÔNICA DE UM CONCEITO

É conhecida a teoria de Hobbes pela qual o homem, enquanto permaneceu em estado de natureza, viva em contínua guerra civil. Para sair dessa situação e obter paz e segurança, o meio adequado é a realização de um contrato, um contrato social que permita ingressar em outro tipo de estado: o estado civil. Por esse contrato, todos os homens contraentes renunciam a seus direitos em favor de um homem ou assembléia de homens, que se constitui, portanto, em soberano. Só desta forma se obtém a paz social e a segurança pretendidas pelo homem: com a constituição de um poder absoluto. Vê-se, portanto, que Hobbes utiliza um modelo contratual para fundar sua concepção.

Por outro lado, em Hobbes se percebe a atribuição do Direito ao comando do Estado. De fato, o seu positivismo é um elemento essencial para sua concepção de absolutismo[118]. Ele edifica sua doutrina com rigor matemático e racional a fim de demonstrar que a lei só pode ser entendida enquanto tal na medida em que é comando de uma autoridade[119]. Nesse sentido, é a primeira enunciação sistemática do positivismo jurídico, pois se estabelece uma identificação entre lei e Direito, não existindo Direito fora da lei[120].

Ao mesmo tempo, Hobbes insiste sobre a importância de a lei ser conhecida pelo público a que está destinada, bem como enfatiza a necessidade de clareza na sua elaboração e o requisito de que sejam escritas, sob pena de tratar-se, então, de uma *law of nature* e não mais de *civil law*[121]. Em Hobbes, portanto, percebe-se esse dúplice aspecto: de um lado, a ênfase ao absolutismo e, por conseguinte, a estatualização do Direito; de outro, a

---

[118] Cf. G. Fassó, op. cit., pg. 147-148.

[119] Cf. T. Hobbes, A dialogue between a philosopher and a student of the common law of England, *in* Testi per la storia del Pensiero Giuridico, op. cit., pg. 91.

[120] Cf. T. Ascarelli, op. cit., pg. 16.

[121] Cf. T. Hobbes, Leviathan, *in* The English Works of Thomas Hobbes, vol. III, second reprint, 1966, Scientia Verlag, pg. 257-259.

preocupação com a publicidade da lei e com a repercussão em termos de certeza do direito a fim de proteger os interesses do cidadão[122].

É preciso assinalar que já no Quinhentos se encontrava disseminada a idéia de codificação, especialmente na França onde um outro fator a inspirava: o nacionalismo. De fato, no crescente nacionalismo francês, ligado à aspiração de realizar uma coletânea de legislação que favorecesse a unidade política do Estado, é que se encontra o germe da consolidação dos costumes. Em um jurista como Charles Dumoulin (1500-1566), por exemplo, está bem presente essa postura. Sua obra considerada mais importante é o comentário feito ao costume de Paris, que no entanto não foi completado. Seu prestígio foi imenso em sua época, tendo influenciado sobremaneira a redação do costume de Paris, realizada em 1580, que não só servirá de modelo para outras cortes do Norte do país, como também para as colônias francesas[123].

A par disto, contribui para o desenvolvimento de uma noção de codificação unitária na França, bem como para modificar a concepção de Direito comum[124]. Assim, ele aceita a possibilidade de utilização do Direito Romano somente como boa doutrina na medida em que estivesse amparado pela razão[125]. Por outro lado, estabelece um projeto de codificação que atendia precisamente aos propósitos de propiciar uma legislação uniforme em todo o território francês. E a razão de ser dessa iniciativa radicava exatamente em torno de um forte nacionalismo, que pretendia a união espiritual dos franceses[126].

---

[122] Cf. Corradini, Garantismo e Statualismo, Milano Giuffrè, 1978, pg. 18-19.

[123] Cf. John P. Dawson, The Oracles, of the law, Ann Arbor, 1968, pg. 344. Sobre Dumoulin, ver mais amplamente, Jean-Louis Thireau, Charles Du Moulen - Etude sur les sources, la méthode, les idées politiques et économiques d'um juriste de la Renaissance, pg. 23-153.

[124] Cf. V. Piano Mortari, Diritto romano e diritto nazionale, op. cit., pg 63.

[125] Cf. A. Guzman Brito, op. cit., pg. 73.

[126] Cf. V. Piano Mortari, Diritto Romano e diritto nazionale, op. cit., pg. 66.

DA CODIFICAÇÃO
CRÔNICA DE UM CONCEITO

Em Michel de L'Hospital (1503-1573), apesar da grande admiração pelo Direito Romano[127], percebe-se a preocupação com a necessidade de reforma da legislação vigente a fim de propiciar a simplificação legislativa. Nesse sentido, propõe um projeto de codificação para alcançar o objetivo de reordenação do Direito francês[128]. Mas essa política, como não poderia deixar de ser, tem seu ponto de apoio no sentimento nacionalista e absolutista, que apesar de reconhecer os méritos do Direito Romano, como já se referiu, não mantinha simpatias pelo seu ingresso na França[129].

Por fim, em François Hofmann (1524-1590) talvez se encontre a posição mais radical em relação ao Direito Romano na França de então[130]. Mas, ao mesmo tempo, de Hofman parte um projeto de codificação, fruto de sua

---

[127] O que se pode perceber pelo seguinte trecho: "Riche thrésor, qui est la connaissance des loyx romaines, et de la tante noble et saincte jurisprudence, autrement appellée sagesse civile, qui est espuisée des plus beaux secrets de philosophie, et les préceptes de laquelle sont dictez par l'esquité mesme et par la raison", *in* Traité de la reformation de la justice, Ouvres Inédites, Paris, 1825, I, pg. 324, citado por V. Piano Mortari, Diritto Romano e diritto nazionale, op. cit., pg. 97.

[128] A esse respeito, ver a seguinte passagem do Traité de la reformation, op. cit., pg. 101-102, citado por V. Piano Mortari, op. cit., pg. 101 (n. 14) "Il ne diront pas ainsy maintenant, car la verité est que, depuis soixantedix ou quatrevingts ans, les édicts et ordonnances sont tellement amoncelées, multipliées, qu'elles nous sont aujourd'hui à charge, et comme il se disoit soubs l'empire de Justinien: Mole nostra laboramus. Et ainsy que soubs ce bon empereur le droit romain feut réformé, retranché et mis en meilleur ordre, par le travail, industrie et vigilance de plus grands jurisconsultes de ce temps là; aussi semble il necessaire d'examiner aujourd'hui les loix et ordonnances de ce royaulme qui est nostre droict françois soubs la reigle duquel nous vivons, rejetter les superfluées, retrancher ce qui se trouvera inutile et hors d'husage, restablir et faire revivre celles, qui, par monchalance ou par dissolutions et mauvaises moeurs, ne sont plus en pratique, bien qu'elles soient pleines d'esquité et de justice, abroger vertueusement celles que la corruption du siécle a introuictes; conserver les bonnes, utiles et esquitables, et s'il manque quelque chose pour parvenir à la tant désirée reformation de la justice et de la police, le faire avec ung petit nombres de saiges, vertueux et expérimentz personnaiges de ce temps".

[129] Cf. V. Piano Mortari, op. cit., pg. 103.

[130] Sobre François Hotman, ver Ralph E. Giesey e J. H. M. Salmon, introdução à edição de Francogalia, Cambridge University Press, 1972, pg. 3-128.

oposição ao *Corpus Iuris* como um Direito vigente. A razão de ser para uma perspectiva tão contundente possivelmente possa ser fornecida pelo seu sentimento religioso, que fazia com que identificasse a tradição romanista à tradução medieval da Igreja Católica[131]. O código, no seu modo de ver, deveria surgir não somente com base em experiências jurídicas diversas, mas sobretudo a partir do material oferecido pelo Corpus Iuris, dos exemplos de vida concreta e dos princípios da lei mosaica[132]. Por outro lado, pretendia que o código fosse redigido em língua francesa[133], o que, sem dúvida, caracterizava e antecipava uma postura marcadamente nacionalista.

Ressalte-se, porém, que a concepção codificadora de Hotman contém um elemento diferenciador na medida em que não é movida apenas pelo nacionalismo profundo. Contém, igualmente, uma crítica ao absolutismo, ao propor um retorno às concepções medievais, constituindo-se no mais importante membro dos monarcômanos[134].

Como resultado mais evidente da influência do nacionalismo, pode-se apontar, primeiramente, o movimento da redação dos costumes. Essa iniciativa pretendeu alcançar precisamente à substituição de um Direito não-escrito por um Direito escrito, propiciando, portanto, de um lado, maior certeza jurídica, e de outro, maior positivação do Direito. Esses objetivos correspondiam aos anseios da monarquia francesa, que patrocinou a sua realização.

Por outro lado, no Seiscentos destacam-se as "Ordonnances", realizadas durante o reinado de Luís XIV. O grande imperador dessa obra, porém, foi Colbert, que pretendia implementar a unificação geral do Direito

---

[131] Cf. V. Piano Mortari, Diritto Romano e Diritto Nazionale *in* Francia, op. cit., pg. 128.
[132] Cf. V. Piano Mortari, Diritto Romano e Diritto Nazionale, op. cit., pg. 131-137.
[133] Cf. J. Flach, op. cit., pg. 226.
[134] Cf. G. Fassò, op. cit., pg. 64-65 e V. Piano Mortari, Il pensiero politico dei giuristi, *in* Itinera Juris, op. cit., pg. 83-86.

francês. Assim, foram realizadas as seguintes Ordenanças: em 1667, a Ordenança sobre a administração da justiça; em 1673, uma Ordenança sobre o comércio, também conhecida por *Code Savary*, nome de seu redator, em 1681, uma Ordenança sobre o comércio marítimo[135]. Já durante o reinado de Luís XV, surge uma nova série de ordenanças, desta vez tratando particularmente do Direito privado. Versavam a respeito de doações (1731), testamentos (1735) e fideicomissos (1747). O principal responsável pela sua realização foi o chanceler d'Aguesseau, que pretendia, igualmente, realizar uma obra de unificação[136]. Saliente-se que essas ordenanças tinham uma abrangência bem mais limitada que as de Colbert, porquanto a idéia de unificação do Direito de d'Aguesseau girava em torno de reformas progressivas e graduais, muito embora ele pretendesse reformar tanto o conteúdo jurídico, o processo, quanto a organização judiciária[137]. Essa sua concepção resultava da dificuldade evidente e natural em empreender um projeto de cunho tão globalizante[138].

Debate-se a respeito da natureza dessas ordenanças, especialmente em relação às de Colbert, a fim de saber se elas constituiriam uma codificação ou se conti-

---

[135] Essas obras foram realizadas por comissões e posteriormente submetidas à discussão no Conselho do Rei, tendo havido, também, em sua elaboração, a participação de juristas como o presidente do parlamento de Paris, Lamoignon. Ver a respeito, Jean Gaudemet, Les tendances a l'unification du Droit en France dans les dernier siècles de l'ancien régime (XVIe-XVIIIe, *in* La Formazione storica del diritto moderno, Vol. I, *in* Atti del III Congresso Internazionalle della Societá Italiana di Storia del Diritto, Firenze, 1977, pg. 157-194, especialmente pg. 161-163.

[136] Sobre d'Aguesseau, ver A. J. Arnaud, op. cit., pg. 106-110, que a par de realçar o contributo pessoal de d'Aguesseau para a realização das ordenanças, sublinha o seu papel de ligação entre as figuras de Domat, a quem conheceu e com quem teria compartilhado o jansenismo, e a de Pothier, a quem muito influenciou e de quem era muito amigo.

[137] Ver Mèmoire sur les vues genérales que l'on peut avoir pour la réformation de la justice, *in* Oeuvres complètes du Chanceller D'Aguesseau, vol. 13, Paris, 1819, pg. 200.

[138] Cf. J. van Kan, Les efforts de codification en France - étude historique et psychologique, pg. 106, 1929, ed. Rousseau.

tuiriam em pura e simples consolidação[139]. Embora não se possa compartilhar a tese de que os códigos destacam-se por seu caráter inovativo, é preciso reconhecer que as ordenanças não são um código. De fato, pode soar artificioso distinguir determinadas ordenanças que praticamente em nada diferem de futuros códigos napoleônicos. No entanto, falta a elas o caráter moderno que marca o código, porquanto elas não desamarraram definitivamente o nó do particularismo jurídico. Nem poderiam, pois elas não tinham essa destinação na medida em que visavam a proporcionar maior unidade ao Direito francês.

Na realidade, as ordenanças constituem mais uma prova de que a noção de código não nasce do nada, isto é, não surge, pura e simplesmente, com o Código de Napoleão, mas é fruto de um longo processo histórico que culmina com o Código Civil francês. Nesse período, o peso do Direito comum ainda prevalece, ainda predomina sobre essas tentativas de codificação. Com efeito, no Setecentos uma outra corrente ainda virá se somar - e com vigor ainda maior - aos movimentos que reivindicavam uma codificação. Trata-se do Iluminismo, que muito contribuirá para o triunfo da idéia de Código.

Seção 3 - O iluminismo

Sem dúvida, as idéias iluministas muito favoreceram a teoria da codificação, na medida em que propugnavam pela racionalização do Direito. Na realidade, sob essa denominação ampla de Iluminismo, podem-se encontrar dois tipos de pensamento: um particularmente ligado aos Estados prussiano e austríaco, em que as reformas partiam do interior do estado, e outro francês,

---

[139] No primeiro sentido, J. Gaudemet, Les tendances a l'unification du Droit, op. cit., pg. 162. Contrariamente, ver M. Viora, op. cit., pg. 24-25.

em que os ideais iluministas estavam identificados como oposicionistas ao sistema vigente[140].

Os principais aspectos do Iluminismo, no que concerne à legislação, referem-se ao fato que a lei, inicialmente, deve ser única e proveniente do legislador, o que constitui mais um instrumento de fortalecimento do poder político central. Acrescente-se que como o Iluminismo era fundado sob uma base racional, de sorte que entendia a legislação como um produto da razão, ele a considerava superior à tradição e, por conseguinte, aos costumes. Mais uma razão, portanto, para que se propugnasse a eliminação das diversas fontes até então existentes e se pretendesse elevar a legislação como fonte única[141].

Por outro lado, para o Iluminismo, as leis deveriam ser poucas, claras e simples[142]. Dever-se-ia fugir ao estado de total embaralhamento jurídico existente até então, dirigindo-se o mais possível para a simplicidade. A codificação, a partir desse momento, torna-se o desaguadouro natural dos anseios iluministas de reforma da legislação.

Nessas condições, os grandes nomes do Iluminismo francês aparecem como defensores da reforma da situação jurídica e, por via de conseqüência, como defensores da codificação. Emblemático nesse sentido é Voltaire, ao identificar no Direito vigente até então os aspectos de incerteza, falta de unidade, demora excessiva do processo, característicos do particularismo ainda existente na França do Setecentos[143]. Diante desse quadro, propõe a total substituição desse Direito por um novo.

---

[140] Ver a respeito, G. Tarello, op. cit., pg. 258.

[141] Ver a respeito, Mario A. Cattaneo, Iluminismo e legislazione, edizioni di comunità, Milano, 1966, pg. 14.

[142] Ver a respeito, Voltaire, Dictionnaire philosophique, in Oeuvres, vol. III, Paris, 1821, pg. 389.

[143] Ver a respeito, Voltaire, op. cit., pg. 335.

Voltaire estrutura o seu pensamento com base em uma lei natural[144]. Segundo ele, não se pode conceber a vida em sociedade sob leis inadequadas e injustas. Cumpre, portanto, substituí-las, sendo que o meio mais adequado para fazê-lo é simplesmente adotar leis totalmente novas[145]. Contudo, essa nova legislação deveria derivar do monarca, que para ele seria imbuído das virtudes iluministas. Acrescente-se que essa legislação é, em essência, concebida a fim de favorecer a liberdade individual. De Voltaire parte, portanto, uma contundente conclamação a favor da codificação, que ele espera seja realizada por um dos monarcas esclarecidos de seu tempo[146].

A codificação passa a representar um papel de tutela da esfera de atuação dos indivíduos[147]. Sob esse prisma, é fundamental, inicialmente, lembrar Montesquieu, ao atribuir à concepção da divisão de poderes uma finalidade de proteção do indivíduo. Já Rosseau fornece um contributo importante para o ideal democrático, na medida em que ele supera os limites até então estabelecidos pelo liberalismo[148]. Também em Rosseau se encontra a tese da codificação, quando ele defende que sejam escritos três códigos: um político, um civil e outro criminal, todos dotados da maior clareza, precisão e concisão possíveis[149]. Nesse sentido, ganha relevo a função de garantia da codificação, até então obscurecida pelo seu aspecto estatualista[150].

Também o Iluminismo inglês contribui para uma teoria da codificação. E o fez de forma muito significa-

---

[144] Ver a respeito, Voltaire, op. cit., pg. 385.

[145] Confira o seguinte trecho: "Voulez-vous avior de bonnes, brulez les vôtres, et faites-en de nouvelles", op. cit., pg. 370.

[146] Ver mais amplamente G. Tarello, op. cit., pg. 315-318.

[147] Ver G. Scolari, op. cit., pg. 57.

[148] Ver a respeito, G. Fassò, op. cit., pg. 362.

[149] Ver a respeito, J. J. Rousseau, Considérations sur le gouvernement de Pologne, in Oeuvres complètes, tome 1, 1853, Paris, pg. 727.

[150] Cf. D. Corradini, op. cit., pg. 25-29.

tiva, porquanto um dos seu integrantes, Jeremy Bentham, foi um dos mais ardorosos defensores da codificação no Direito inglês. De fato, a Bentham se concede o título de haver introduzido o termo "codificação" no Direito[151]. Com efeito, a obra de Bentham é permeada por uma grande preocupação em torno da elaboração da lei. Essa postura tem origem num posição de crítica frente ao Direito da *Common Law*. A razão está na atenção extrema que Bentham dedicava à questão da certeza e do conhecimento do Direito. Ora, esses requisitos, na sua concepção, não existiam no Direito inglês, que se caracterizava por ser, em essência, um Direito de leis não-escritas. Como as leis devem ser conhecidas - e este é um tema particularmente caro a Bentham -, essa circunstância tornaria impossível a ciência do Direito pelo cidadão[152]. De fato, Bentham contesta a idéia de que o juiz apenas se limite a declarar regras já existentes. Para ele, o Direito inglês nasceria após o fato, razão pela qual seria essencialmente incerto e imprevisível. Em sendo assim, explica-se a razão de Bentham ser um tenaz defensor da codificação, que deveria abranger todos os ramos do Direito[153].

Contudo, não basta, simplesmente, elaborar a codificação, mas há que se estabelecer determinados requisitos a fim de torná-la a mais eficaz possível. Bentham,

---

[151] Ver a respeito, Jacques Vanderlinden, Code et Codification dans la pensée de Jeremy Bentham, *in* Tijdschrift voor Rechtsgeschichte, 1964, XXXII, pg. 45-78; ver também Dean Alfange, Jr., Jeremy Bentham and the codification of Law, *in* Cornell Law Review, pg. 59-77.

[152] Confira a seguinte passagem: "La loi doit être connue. Voilà le principe dont nous partons; mais pour être connue, il faut qu'elle existe. La loi commune existe-t-elle? Quand on vous dit: la loi commune veut, la loi commune défend, voilá une phrase imposante: eh bien! cherchez la loi commune, demandez qu'on vous la montre: elle ne se trouve nulle part, aucun ne peut vous dire où elle est, ni ce qu'elle est: c'est un être de raison, une fiction, une loi imaginaire". Ver em Bentham, De L'Organisation judiciaire et de la codification, pg. 95, *in* Oeuvres, tome 3, réimpression, 1969, Scientia Verlag Aalen.

[153] A esse iniciativa denominou "Panomion". De "Pan" (tudo) e "Nomos" (lei).

em primeiro lugar, defendia a necessidade de a codificação atender a um princípio de utilidade geral, isto é, realizar o melhor ao maior número possível de pessoas. Ademais, Bentham atribuía ao código o caráter de completude, pois todas as soluções jurídicas deveriam estar nele previstas. Salientava, igualmente, que o texto legal deveria ser dotado de concisão e clareza justamente para que pudesse ser bem conhecido. Ao mesmo tempo, ele deveria ser compacto, aliando, portanto, as virtudes de completude e concisão. Por fim, o código deveria ser suficientemente conhecido e acessível ao maior número de pessoas, devendo ser elaborado de modo a favorecer esse objetivo[154]. Desnecessário dizer que as idéias de Bentham não foram acolhidas na Inglaterra, tendo obtido receptividade apenas no continente.

O Iluminismo italiano, por sua vez, encontra em Ludovico Antonio Muratori (1672-1750) a sua maior expressão[155]. Em seu famoso escrito, *Dei difetti della Giurisprudenza*, ele vislumbra a situação - no seu entender crítica - em que se encontra o Direito em sua época. Após ressaltar que alguns dos problemas são intrínsecos, e que portanto jamais serão resolvidos[156], destaca os aspectos extrínsecos que estavam a perturbar o estado do Direito. Nesse particular, é severo em relação à abundância de opiniões e citações e ao acúmulo de doutrinas e interpretações, que nada mais faziam do que impedir a perfeita aplicação do Direito[157]. As críticas de Muratori geram intensa polêmica entre seus contemporâneos. E não poderia ser diferente, pois ele pinta um quadro sarcástico de todos os personagens do mundo

---

[154] Cf. J. Bentham, op. cit., pg. 91.

[155] Ver a respeito, Corrado Pecorella, Studi sul settecento giuridico - L. A. Muratori e i difetti della giurisprudenza, Milano, Giuffrè, 1964, pg. 126-130; Mario A. Cattaneo Iluminismo e legislazione, op. cit., pg. 45-48; G. Tarello, op. cit., pg. 215-221.

[156] Como por exemplo o de que o Direito não pode resolver a todos os casos. Ver L. Muratori, op. cit., pg. Cap. III, 8-14, especialmente pg. 9.

[157] Cf. L. Muratori, op. cit., Cap. IV, pg. 15.

jurídico: advogados, magistrados e partes não escapam a sua linguagem ferina. As suas propostas se inserem na trilha iluminista, na medida em que ele preconiza uma reforma do Direito comum. Ele sabe que esta só será formulada pelo príncipe ou pelo Papa[158]. Ele deseja a intervenção do legislador a fim de obter um corpo de novas leis, claras e objetivas[159]. E se ele não interveio diretamente sobre a codificação, é certo que suas críticas tiveram algum resultado. De fato, pode-se identificar no Código Estense, de 1771, um efeito da situação apontada por Muratori, e que o Código pretendia remediar[160].

Por força dessa influência do Iluminismo, aliado ao jusracionalismo, é que se deu um grande impulso à teoria da codificação no final do Setecentos. É certo que não se pode desconhecer a importância da Revolução Francesa, fundamental ao proporcionar maior igualdade entre os indivíduos, elemento indispensável para a realização de um código de Direito privado. No entanto, é necessário salientar o papel do Direito Romano, totalmente negligenciado durante o período do furor revolucionário. Sem o seu resgate não se poderia ter realizado o código civil, na medida em que foram frustradas as tentativas feitas pelos juristas da Revolução.

---

[158] Cf. C. Pecorella, op. cit., pg. 128.
[159] Cf. L. Muratori, op. cit., Cap. XX, pg. 147-148.
[160] Cf. Pecorella, op. cit., pg. 128.

Capítulo IV

As grandes codificações européias

Foi a partir do Setecentos que se iniciou a vaga de codificações jusracionalistas. Esse movimento teve início, efetivamente, com a série de códigos bávaros, já sob o influxo das concepções iluministas[161], que então predominavam. No entanto, pode-se apontar o Código prussiano - "Allgemeines Landrecht" (ALR) - como emblemático dessa tendência. Concebido na segunda metade do Setecentos, nele se percebe de forma marcante a idéia de basear o Direito privado sobre o Direito natural[162]. Contudo, o Código prussiano não apresentava a visão de síntese indispensável para servir como modelo da sociedade do século XIX. Elaborado entre 1783 e 1788, só o projeto tinha seis volumes. Não continha somente matéria de Direito Privado, pois abrangia o Direito Público, inclusive o Direito Penal. Isto contribuiu para o seu número excessivo de artigos, com um total de 19.194. Acrescente-se que se mantinham em vigor os costumes e os Direitos locais, o que dava ao código um valor de Direito subsidiário. Mesmo tendo sido concebido dentro dessas características, ainda assim sofreu várias críticas dos setores conservadores da nobreza prussiana. De modo que sua vigência foi adiada de 1792 para 1794. Foi, em suma, um código oriundo de uma monarquia imbuí-

---

[161] Trata-se do "Codex Iuris Bavarici Criminalis", de 1751, o "Codex Iuris Bavarici Judicialis" (1753) e o "Codex Maximilianus Bavarici Civilis" (1756). Cf. Franz Wieacker, História do Direito Privado, op. cit., pg. 370-371.

[162] Cf. G. Solari, op. cit., pg. 55.

da, é verdade, do espírito da "Aufklärung"- herdado de Frederico, o Grande, mas que ainda mantinha estruturas absolutistas. O advento da Revolução Francesa, de um lado, e a derrota da Prússia ante Napoleão, por outro, contribuíram para a sua decadência[163]. Já o Código Civil austríaco, o ABGB - "Allgemeines Bugerliches Gesetzbuch fur die deutsches Erblande"-, surge a partir das iniciativas de Maria II. Com ela, no início do século XVIII, desenvolveu-se uma série de projetos no sentido de realizar uma codificação para o império austro-húngaro. Esse objetivo era inspirado pelos mesmos princípios do projeto prussiano e do Iluminismo em geral. Pretendia-se obter leis mais certas e iguais para todos, bem como regras mais simplificadas.

Esse processo contou com a colaboração de dois grandes juristas. Inicialmente, Karl Anton von Martini (1726-1800), responsável pelos primeiros projetos, ao tempo de Maria II e José II. Mais tarde, von Zeiller (1751-1828) sucede-o na tarefa de elaboração do código, o que somente acontece em 1º de junho de 1811.

Ao contrário do modelo prussiano, ele abrange somente o Direito privado, sendo seu sistema claramente inspirado no modelo de Gaio, com três partes. Quanto às qualidades do ABGB, é suficiente mencionar que ainda hoje está em vigor. É um legítimo representante do espírito racional austríaco, para o bem e para o mal. De um lado, despontam a coerência sistemática e o rigor conceitual. De outro, porém, está o marcante viço absolutista[164]. Um Absolutismo esclarecido, é verdade, mas que contrasta tanto com o modelo francês, que termina negligenciado pela história das idéias. Ocupará, portanto, um lugar marginal nesse quadro.

---

[163] Cf. Molitor-Schlosser, Perfiles de la nueva historia del Derecho Privado, pg. 63-69.

[164] Cf. Henry E. Strakosch, State absolutism and the Rule of Law- the struggle for the compilation of civil law *in* Austria 1753-1811, pg. 1-267, Sidney University Press, 1967.

A vitória dos monarcas prussianos e austríacos, de certa forma, foi a sua derrota. Por isso, concede-se a efetiva primazia, entre as codificações, primeiro ao Código Civil francês, e bem mais tarde, ao Código Civil alemão. Ambos estão associados à noção de codificação.

Seção 1 - O Código Civil francês

O processo de codificação francês não se limitou ao Código Civil. De fato, vários Códigos foram promulgados entre 1804 e 1811. Tratou-se, portanto, de um movimento global de codificação. Na verdade, os Códigos não foram só o resultado exclusivo da vontade de Napoleão ou do grupo de juristas incumbido de sua redação. É preciso reconhecer que eles são o produto de uma longa evolução histórica do Direito francês[165].

Desde o *ancien régime* foram feitas tentativas no sentido de ordenar o Direto francês. No período da Revolução sucedeu o mesmo. A própria Constituição de 1791 dispunha sobre a necessidade de elaboração de um Código Civil[166].

É certo que a Revolução Francesa proporcionou um notável contributo ao processo de codificação na medida em que eliminou os obstáculos que freavam esse mesmo processo. Ao suprimir as inúmeras desigualdades que ainda vigoravam na França, foi aplainado o caminho para que se pudesse realizar um código[167].

A Revolução compreende, em primeiro lugar, um imenso trabalho de modificação de vários setores do Direito Civil. São exemplos o sistema de Direito de propriedade, o Direito das sucessões, o regime do estado

---

[165] Cf. Jean Maillet, The Historical significance of french codifications, *in* Tulane Law Review, 44, 1969-1970, pg. 681-692.

[166] No título I, L: "Il sera fait un code de lois civiles communes à toute le royaume"

[167] Cf. Jean Maillet, The Historical significance of french codifications, op. cit., pg. 683.

civil, do casamento e do divórcio, o da adoção e o do poder paternal e o do estatuto dos filhos naturais. De outra parte, deve ser destacada a função da Revolução ao acelerar as modificações no plano jurídico que, desde muito tempo, se apregoava. Ela contribui, também, para que se abandone a simples elaboração teórica e se passe à formulação prática. Ademais, ao abolir o sistema do *ancien régime*, a Revolução libera as forças políticas, sociais e ideológicas até então comprimidas pela sociedade tradicional, o que contribui particularmente para o surgimento de uma nova ordem jurídica[168].

É certo que se a legislação revolucionária alterou a ordem jurídica anterior, não chegou a removê-la. Por diversas razões, os projetos de codificação do período revolucionário não lograram sucesso.

O primeiro projeto, formulado por Cambacérès, em 1793, foi recusado pela convenção, sob a alegação de ser excessivamente complexo e extenso. Quanto ao segundo, igualmente elaborado por Cambacérès em 1794, é também recusado. Agora, porque seria pouco filosófico, muito conciso e sumário. De fato, esse segundo projeto se caracteriza por ter apenas 297 artigos, em que procurava conter regras de conduta inspiradas pelo jusracionalismo[169].

A partir desse momento, tem início um abandono das concepções mais radicais, que propugnavam uma total rejeição do corpo jurídico anterior. Um sinal dessa transformação já é o terceiro projeto de Cambacérès, apresentado em 1796. Nele retornam as referências às fontes tradicionais, como o Direito Romano e o Direito Consuetudinário. No mesmo sentido pode ser visto o quarto projeto, de 1799, redigido por Jacqueminot. Esse projeto, porém, não foi sequer submetido à discussão.

---

[168] Cf. Jean Maillet, Les codifications napoleoniennes, développement économique et formation de la société capitaliste, *in* Quaderni Fiorentini, 2, 1972, pg. 139-140.
[169] Cf. P. A. Fenet, Recueil complet des travaux préparatoires du Code Civil, tome Prémier, 1968, réimpression, pg. XLVII.

Diante do fracasso dessas tentativas, a idéia de codificar o Direito francês se apresenta para Napoleão como uma oportunidade para reafirmar a necessidade de ordem e pacificação após o turbulento período revolucionário. Acresce a circunstância de a legislação revolucionária não ter removido inteiramente a ordem jurídica anterior[170]. De sorte que se outorgou a um grupo, presidido por Tronchet, presidente da Corte de Cassação, e composto por juristas e magistrados como Maleville, Portalis e Bigot-Préameneau a tarefa de realizar um quinto projeto. O expoente da comissão que redigiu o Código Civil foi Portalis[171]. Nele se percebe o traço dos que se opunham tanto à violência jacobina quanto ao sistema do antigo regime. De fato, enquanto Tronchet representava os países do Direito costumeiro e a tradição revolucionária e Malleville e Bigot-Préameneu, a tradição romana, Portalis constitui, justamente, o elemento harmonizador entre esses dois pólos[172]. Os trabalhos da comissão desenvolveram-se rapidamente. Tanto é assim que, em quatro meses, mais precisamente em 12 de agosto de 1800, foi entregue o projeto de codificação contendo o discurso preliminar. Este, assinado por todos os membros da comissão, foi na verdade redigido por Portalis. Nessa obra se percebe a atenção dada por Portalis ao resgate da tradição e a sua importância para a realização do Código Civil[173]. De

---

[170] Cf. G. Solari, op. cit., pg. 167.

[171] Jean-Etienne-Marie Portalis (1746-1807) somente inicia sua participação na vida política francesa em 1795, com sua eleição para deputado. Devido a sua idade, 49 anos, integra o conselho de anciãos. Antes disso, chegou a ser preso em dezembro de 1793. Mais tarde, em 1797, teve de exilar-se por um período em Holstein, no castelo do Conde Frederico de Reventlow. Em 1800, porém, ao regressar a Paris é sucessivamente nomeado comissário do governo, membro da Comissão de redação do Código Civil e, por fim, para o Conselho do Estado. Ver mais amplamente, Walter Wilhelm, Portalis et Savigny *in* Festgabe für Helmut Coing, Vitorio Klosterman, Frankfurt Am Main, 1982, pg. 445-446.

[172] Ver G. Solari, op. cit., pg. 168.

[173] O que se pode perceber da seguinte passagem: On raisonne trop souvent comme si le genre humain finissait et commençait à chaque instant, sans

fato, com esse novo projeto, completa-se o retorno às concepções mais tradicionais, como a convivência com o Direito Romano. Também Napoleão teve parte ativa na elaboração do Código Civil. Mais ainda, pode-se dizer que o seu grande interesse pela sorte do projeto foi decisiva para a sua aprovação. Tanto que seguidamente presidiu pessoalmente o Conselho de Estado. Nessas ocasiões, freqüentemente se inclinava em favor das soluções provenientes do Direito Romano, que tinham nele um admirador. Especialmente no que concerne às partes do Direito de família e Direito das sucessões, sua participação foi marcante[174].

Após ser discutido no Conselho de Estado, o projeto foi aprovado pelo tribunato e pelo corpo legislativo sob a forma de 36 leis distintas, votadas de 1801 a 1803. Essas leis correspondem aos 36 títulos em que o texto era subdividido. Por fim, em 21 de março de 1804, os 36 títulos, repartidos em 3 livros, foram reunidos em um só corpo, e este promulgado com o título de Código Civil dos franceses.

Em regra, considera-se o Direito estabelecido pelas condições napoleônicas correspondente ao sistema jurídico típico de uma sociedade em desenvolvimento pela via capitalista. Essa circunstância se percebe pelo próprio exame dos princípios fundamentais da codificação (individualismo, liberalismo, papel da vontade), bem como pela organização das instituições jurídicas. Exemplificativo é o destaque dado à tratativa sobre os bens

---

aucune sorte de communication entre une génération et celle qui la remplace. Les générations, en se succédant, se mêlent, s'entrelacent et se confondent. Un législateur isolerait ses institutions de tout ce qui peut les naturaliser sur la terre, s'il n'observait avec soin les rapports natureles qui leint toujours, plus ou moins le présent au passé, at l'avenir au présent". Confira P. A. Fenet, Recueil complet des travaux préparatoires du Code Civil, t. I, pg. 481, Paris, 1827.

[174] Com efeito, pediu 84 vezes a palavra por ocasião do debate sobre o divórcio. Ver a respeito, G. Solari, op. cit., pg. 169-170, especialmente nº 1.

(com mais de 1700 artigos do Código, contra 500 artigos para as pessoas) e a noção de propriedade[175].

O Código, em si, destaca-se pelo seu senso de equilíbrio, na medida em que representa uma união dos elementos novos e velhos, que marcaram o Direito francês, especialmente a distinção entre Direito Romano e Direito costumeiro[176]. Um exemplo dessa característica encontra-se no seu sistema. É reconhecida por todos a influência da classificação de Gaio para a estrutura do Código Civil francês. Com seus 2281 artigos, está estruturado da seguinte forma: o livro primeiro sobre o Direto das pessoas; o livro segundo sobre o Direito das coisas, que se subdivide, por sua vez, em: propriedade e Direitos reais limitados. O livro terceiro trata da aquisição da propriedade, o que compreende, inicialmente, a herança e o testamento e, por fim, as obrigações. É certo, porém, que essa divisão não é cópia fiel da sistemática gaiana. Sofreu as alterações instruídas no curso dos tempos por muitos juristas e deve muito de sua sorte à já referida influência da obra de Pothier. Mas não deixa de ser curioso observar que o sistema do código francês seja originário dos romanos, que são tradicionalmente considerados como assistemáticos.

Contudo, há quem procure identificar no código francês a transição entre duas correntes doutrinárias, ou seja, a do Direito natural e a do jansenismo[177], entendendo que não possa ser levada em consideração a distinção entre romanistas e juristas de direito costumeiro na medida em que ambos se dividiam, na verdade, entre os que pretendiam que a unidade da legislação somente poderia ser alcançada a partir dessa diversidade, enquanto os demais pretendiam reconstruir um Direito a partir de alguns princípios *a priori*[178].

---

[175] Ver Jean Maillet, op. cit., pg. 116.
[176] Ver a respeito, G. Astuti, op. cit., pg. 866.
[177] Ver a respeito, A. J. Arnaud, op. cit., pg. 215-220.
[178] Cf. A. J. Arnaud, op. cit., pg. 63.

DA CODIFICAÇÃO
CRÔNICA DE UM CONCEITO

Mas é preciso salientar que, para os seus redatores, o "Code civil" não representava uma obra totalmente nova, mas correspondia a uma síntese, a uma conclusão entre a herança do *ancien régime* e o contributo revolucionário. Na verdade, os redatores do código não atuaram propriamente como criadores, como profetas, mas sim como herdeiros de uma tradição[179]. De fato, serão os componentes da escola da exegese[180] a verem no Código Civil francês algo de totalmente novo, um verdadeiro marco dentro do panorama jurídico.

É corrente considerar a codificação, e de forma especial a codificação francesa, um momento chave da história jurídica, porquanto ela representa o fim do período de pluralidade de ordenamentos na esfera estatal. As fontes são contidas dentro de uma visão estatualista, o que antes não sucedia. O Direito passa a ser visto como um produto do Estado e identificado com a lei[181]. Ocorre, porém, que esse efeito da codificação, que sem dúvida ocorreu, foi mais uma leitura da escola que a sucedeu, a escola da exegese, do que uma decorrência direta da codificação. Foi mais um produto da visão política das classes então dominantes do que o resultado da codificação em si.

É certo que a disposição da lei de introdução inova ao revogar todo o Direito precedente e, mais ainda, ao unir-se com o artigo 4 do Código, que obriga o juiz a

---

[179] Cf. A. Esmein, L'originalité du Code Civil, *in* Le Code Civil - Livre du Centenaire, Tome Premier, 1969, Libraire, E. Duchemin, pg. 5.

[180] Em decorrência do extraordinário efeito do Código Civil sobre a mentalidade jurídica, dá-se o surgimento dessa nova corrente cuja característica principal é o apego extremo ao texto da lei. A ordem expositiva orienta, inclusive, o pensamento doutrinário. É célebre, como representante dessa tendência, a exclamação de Jean Joseph Bugnet: "Eu não conheço o Direito Civil; eu ensino o Código de Napoleão". Aliás, é necessário salientar que a escola da exegese não se limitou ao Direito francês. Foi marcante, por exemplo, no Direito italiano, na medida em que o Código italiano de 1865 foi influenciado pelo francês, gerando uma escola exegética italiana. Nesse sentido, cf. Natalino Irti, La Cultura del diritto civile, pg. 7-12, Torino, 1990.

[181] Ver por todos Paolo Grossi, op. cit., pg. 1314.

decidir uma causa, impedindo-o de alegar o silêncio, obscuridade ou insuficiência da lei sob pena de ser considerado culpado de denegação da justiça. Deixa de existir, portanto, o instituto do *référé legislatif*, pelo qual se dispunha que em caso de dúvida sobre o sentido de uma lei, o magistrado deveria dirigir-se ao legislativo. Isto faz com que o código passe a ser um sistema normativo auto-suficiente, destituído de lacunas, o que o diferencia das formas anteriores.

Mas o que é interessante destacar é o fato de que isto não foi planejado antecipadamente. Tanto é assim que os próprios codificadores hesitaram ao revogar a legislação anterior. De um lado, Cambarécès defendia a necessidade de manutenção da legislação anterior nos casos em que o Código Civil não dispusesse de previsão, enquanto que de outro, Bigot-Préameneau entendia que se impunha a revogação das leis anteriores, porquanto o código não poderia ser uma simples acréscimo às leis já existentes[182].

Em suma, entre todos os códigos, sem dúvida, foi o Código Civil francês, o Código de Napoleão, o de maior importância. Embora tenha recolhido certas contribuições da Revolução, foi reconhecidamente o código da burguesia, expressando os seus valores. Derivou, por igual, da idéia de uma nação única e indivisível, desde 1789 com os Estados Gerais, e com a necessidade, reconhecida na Constituição de 1791, de implantar um Direito francês baseado na razão.

Foi enorme a sua influência a partir de 1804[183]. E a razão disto está, por um lado, em ter sido a mais moderna codificação existente na Europa nos princípios do

---

[182] Ver a respeito, G. G. Locré, Spirito del codice Napoleone - tratto della discussione ossia collazione istorica, analitica e ragionata del progetto del codice civile, volume I, Brescia, 1806, pg. 91.

[183] Ela se estende a partir da Europa, com Portugal e Itália, até a América do Sul, Estados Unidos (Lousiana), Canadá e Oriente Médio. Para uma visão dessa influência, cf. Imre Zajtay, Les destinées du Code Civil, *in* Revue Internationale de Droit Comparé, 1954, vol. 2, pg. 792-810.

século XIX. Era, por exemplo, muito mais sucinto que o Código Geral da Prússia (que possuía 19.000 artigos), especialmente porque realizava o princípio da igualdade. Não se fazia mais necessário regular todos os Direitos especiais e todas as situações particulares características do regime anterior. Mas é preciso reconhecer que o seu extraordinário êxito advém da Revolução e da grandeza da Era napoleônica. A nova constituição foi o sustentáculo que deu ao código francês sua grande força de atração para toda a Europa. Ele foi, em essência, um código de Direito Privado. Há nele, nitidamente, uma tendência antifeudal igualitária e centralizadora. Afinal nunca antes haviam sido reconhecidos de forma plena, ante a lei, o cidadão e as minorias. É precisamente esse caráter antifeudal que lhe dá a conotação revolucionária tão favorável a sua difusão[184].

Seção 2 - A polêmica entre Savigny e Thibaut

Com as conquistas napoleônicas, a França domina parte do território alemão, especialmente as províncias do Reno. Desse modo, passa a vigorar em determinadas áreas o Código Civil francês. Essa circunstância não deixará de ter efeitos. Entre os mais importantes, pode-se destacar a abolição dos encargos alfandegários, bem como as diversas inovações do Direito Privado, especialmente no plano familiar, no campo da propriedade e na área da responsabilidade civil, que passam não só a ser aplicadas, mas que servirão de inspiração ao legislador alemão[185].

---

[184] Cf. Franz Wieacker, op. cit., pg. 391.

[185] Cf. E. Müller, Le Code Civil en Allemagne, in Le Code Civil - Livre du Centenaire, tomo II, pg. 630-31.

Acrescente-se que desde cedo a doutrina alemã passou a estudar o Código Civil francês, especialmente com as obras de Zacharie von Ligenthal e de Seidenticker. Havia uma impressão geral favorável ao código francês, bem como a estender a sua aplicação em todos os estados alemães. Com a derrota de Napoleão, é evidente que se discutiu a respeito da supressão do "Code civil" em favor do retorno ao antigo código prussiano. Sucedeu, porém, que mesmo após Napoleão, o código francês continuou em vigor nas províncias renanas. Essa situação foi o germe, pode-se dizer, da célebre polêmica que marcou o panorama jurídico alemão na primeira década do Oitocentos. Trata-se da disputa entre Anton Friederich Thibaut e Friederich Carl von Savigny em torno da viabilidade de um Código Civil para os estados alemães.

O problema de um Código Civil nacional não existira, na Alemanha, enquanto sucedeu o domínio de Napoleão. O Código Civil francês era, então, praticamente um código europeu. Mas, com a derrota napoleônica, a necessidade de um Direito comum se fez presente. De fato, as motivações econômicas passam a ter grande importância, pois a ausência de um Direito comum de tráfico dificultava sobremaneira as relações comerciais[186].

É dentro desse quadro que Thibaut escreve, em 1814, seu livro "A necessidade de um Direito civil para a Alemanha". Na verdade, esta obra já era uma resposta a um livro escrito no mesmo ano por August Wilhelm Rehberg, intitulado "O Código de Napoleão e a sua introdução na Alemanha", em que combatia a extensão aos estados alemães do Código Civil francês[187].

---

[186] Cf, Hans Hattenhauer, Los Fundamentos Histórico-Ideológicos del Derecho aleman entre la Jerarquia y la Democracia. Editorial Revista de Derecho Privado, 1983, pg. 96.
[187] Cf. Giuliano Marini, introdução a A. F. Thibaut - F. C Savigny - La Polémica sulla codificazione, Edizione scientifique italiane, 1982, Napoli, pg. 23.

A tese de Thibaut residia na necessidade da existência de um código comum para toda a Alemanha. Ele não desejava a simples aceitação do código francês. Ao contrário, preconizava a realização de um genuíno código alemão, por juristas alemães, a fim de propiciar, entre tantos benefícios, uma unidade jurídica em seu território. Era, por igual, avesso ao Direito Romano na medida em que nele não percebia as virtudes necessárias para servir como código aos estados alemães[188]. O código deveria estar embasado na raiz iluminista e jusracionalista que constituía o cerne do seu pensamento. Em seu entender, a lei devia atender, basicamente, a dois requisitos: perfeição material e formal e possuir uma correta ordenação das matérias. Para ele, porém, nenhuma dessas virtudes aparecia nas leis das províncias do Reich[189]. Considerava, ainda, o *Corpus Iuris* e, por conseqüência, a recepção, um instrumento favorável a discussões eruditas e vazias que não contribuíam para a formação de um sentimento jurídico no homem comum. Bem ao contrário, favorecia apenas a "encher os bolsos dos advogados"[190].

Para Thibaut, em suma, são visíveis as vantagens da codificação. Esta favorecia, inicialmente, o desenvolvimento científico. Depois, agilizaria o ensino acadêmico do Direito e, por último, mas não menos importante, estimularia o sentimento de igualdade e fraternidade entre os alemães na medida em que "leis iguais criam costumes iguais"[191].

Contrariamente a essa posição, situa-se Savigny. Em sua famosa obra, "A vocação do nosso tempo para a legislação e a jurisprudência", escrita com o propósito de responder aos que defendiam a adoção de um código

---

[188] Ver a respeito, Thibaut, La necessitá di un diritto civile generale per la Germania, op. cit., pg. 12-16.
[189] Cf. Thibaut, op. cit., pg. 11.
[190] Cf. Thibaut, op. cit. pg. 18.
[191] Cf. Thibaut, op. cit. pg 19-24.

comum para os estados alemães, argumenta que a sua época não era própria para a tarefa legislativa. Ele mesmo salienta que também deseja um Direito nacional e seguro[192]. Argumenta, porém, que são escassos os períodos com plena capacidade para satisfazer as exigências necessárias à obtenção de um código perfeito. Nos povos jovens, faltariam itens como linguagem e arte lógica. Nos períodos de decadência, faltaria conhecimento tanto da matéria quanto da linguagem. E a época intermediária, justamente a mais propícia para esse intento, não o faz, porque não sente a sua necessidade[193]. De modo que a ciência do Direito não deveria ter por base a codificação. Bem ao contrário, deveria considerar três elementos: o Direito romano, o Direito Germânico e as novas modificações proporcionadas a ambos os Direitos[194]. Quanto ao Direito romano, entendia que ainda possuía uma tarefa importante a desempenhar como Direito comum na medida em que representava o modelo de Direito científico. Já o Direito germânico seria fundamental por força dos vínculos que os institutos do Direito civil mantinham com o espírito germânico[195]. Em relação ao terceiro elemento, estabelece, claramente, um plano de estudo para o Direito romano. Propõe um exame dos textos antigos, de tal forma a fazê-los reviver, o que exigiria a elaboração dos conceitos jurídicos a partir de um ponto de vista histórico[196]. Reconhecia, porém, que as codificações seriam a expressão futura de decadência cultural e que haveria um período em que ela poderia surgir[197].

---

[192] Cf. F. C. von Savigny, La vocazione del nostro tempo per la legislazione e la giurisprudenza, op. cit., pg. 168.

[193] Cf. Savigny, op. cit., pg. 167.

[194] Cf. Savigny, op. cit., pg. 170.

[195] Cf. Savigny, op. cit., pg. 172.

[196] Cf. Savigny, op. cit., pg. 173.

[197] Cf. Savigny, op. cit., pg. 180.

Diante da tradicional indagação sobre quem teria sido o vitorioso, pode-se afirmar que os dois, cada qual a seu modo, o foram. Thibaut ao insistir na necessidade de um código comum como garantia da união nacional; Savigny, na sua afirmação de que só mediante uma ciência jurídica renovada, ou seja, só por intermédio de uma cultura científica a Alemanha estava preparada para um código[198]. De todo modo, é forçoso reconhecer que uma das conseqüências dessa reação foi a circunstância de que somente setenta anos mais tarde seria realizado um código alemão. Como se sabe, são inúmeras as interpretações a respeito dessa famosa polêmica[199]. Em geral, percebe-se em Savigny o defensor da restauração, em contraposição a um Thibaut liberal e reformador[200]. Ou, então, vê-se um Savigny integrante da cultura aristocrática e da tradição européia, enquanto em Thibaut estariam representados os novos sentimentos nacionais, bem como a política democrática. Estabelece-se, inclusive, um paralelo entre a polêmica Savigny-Thibaut e a que se travou entre Goethe e Schiller[201].

Contudo, embora não se possa deixar de lado a visão política, de um Savigny defensor das idéias feudais[202], procura-se vislumbrar alternativas no pensamento de Savigny, vendo a razão de sua recusa a um projeto codificatório no perigo que este representaria ao seu projeto científico centrado sobre uma reforma do Direito vigente[203]. Por conseguinte, poder-se-ia distin-

---

[198] Cf. F. Wieacker, op. cit., pg. 452.

[199] Ver a respeito, Paolo Becchi, La polemica sulla codificazione *in* Germania attraverso la storia delle interpretazioni, *in* Materiali per una storia della Cultura giuridica, 1, 1991, pg. 23-73.

[200] Cf. H. Hattenhauer, op. cit., pg. 99.

[201] Cf. Wieacker, op. cit., pg. 451.

[202] Ver a respeito Z. Krystufek, La Querelle entre Savigny et Thibaut, *in* Revue Historique de Droit Français et Etranger, 44, 1966, pg. 69.

[203] Ver a respeito, Pio Caroni, La cifra codificatoria nell'opera di Savigny, *in* Quaderni Fiorentini, 9, pg. 71.

guir uma motivação científica na postura de Savigny na medida em que ele privilegia o sistema das fontes do Direito comum e observa com apreensão a perspectiva de uma codificação em que as fontes passariam por um processo de reordenação hierárquica até então não conhecido[204].

Mas o que se deve salientar é a circunstância de o pensamento de Savigny, apesar da leitura restritiva que dele se possa fazer, proporcionar um contributo à burguesia, da mesma forma que os códigos jusracionalistas o fizeram[205]. Haveria, portanto, um intercâmbio entre esses dois tipos aparentemente tão diversos de postura que não pode ser negligenciado[206].

Seção 3 - A pandectística e o B.G.B.

Com a derrota da idéia de código em 1814, na Alemanha, desenvolve-se, pouco a pouco, uma concepção que, paradoxalmente, será a principal responsável pelo Código Civil alemão: a pandectística.

A ciência das pandectas nasce a partir da escola histórica do Direito[207], tendo como principal inspiração o desenvolvimento de uma ciência jurídica[208]. É o próprio pensamento savignyano, portanto, que abre a possibilidade para a formação de uma ciência preocupada com a formulação e o aprimoramento dos conceitos ju-

---

[204] Cf. P. Caroni, op. cit., pg. 77-81.

[205] Cf. Z. Krystufek, op. cit., pg. 65.

[206] Cf. P. Caroni, op. cit., pg. 106.

[207] Não cabe aqui esgotar a polêmica existente a respeito da contribuição e da continuidade entre direito natural e pandectística e, por via de conseqüência, para os conceitos gerais do Direito. A esse respeito, cf. Paolo Cappellini, *Sulla formazione del moderno concetto di dottrina generale del diritto, in* Quaderni Fiorentini per la Storia del Pensiero Giuridico Moderno, volume 10 (1981), pg. 233-254.

[208] Cf. Savigny, La vocazione del nostro tempo per la legislazione e la giurisprudenza, op. cit., *in* nota.

rídicos. Nela o sistema constitui um aspecto que não pode ser ignorado, consistindo no "reconhecimento e exposição da íntima afinidade pela qual os institutos jurídicos e as normas se conectam numa grande unidade"[209] [210]. Por outro lado, cabe a essa ciência estar atenta ao fato de o Direito "ter sua sede num complexo natural: o estudo comum do povo"[211]. De fato, a escola pandectística tem na influência de Savigny um ponto determinante. E essa herança se percebe desde o primeiro tratado das pandectas, elaborado por Puchta (1798-1846), discípulo e sucessor de Savigny em Berlim. Entretanto, Puchta vai além e pode ser considerado o fundador da *begriffsjurisprudenz*, que marca a ciência jurídica alemã do século XIX. Nele, porém, ainda se vislumbra o elo entre a escola histórica e os demais membros da pandectística[212].

Entre suas características mais relevantes, cumpre apontar o objetivo de proporcionar liberdade de atuação ao indivíduo. Não é casual que entre os princípios oriundos da pandectística se encontrem o da autonomia privada e o do Direito subjetivo[213]. Para atingir esse fim, foi de fundamental importância o Direito romano. Dele retiravam não só subsídios para a elaboração de seus conceitos, como também era a base para a construção de sua ciência. De fato, somente o Direito Romano, por seus atributos de neutralidade e de elevado teor científico,

---

[209] Cf. F. C. von Savigny, Sistema di Diritto Romano Attuale, vol, 1, introdução, pg. 21, 1886, Torino.

[210] Vê-se, aliás, nessa definição uma nítida aplicação do princípio da totalidade. Nesse sentido, W. Wilhelm, Metodologia giuridica del secolo XIX, pg. 52, Giuffrè, Milano, 1974.

[211] Cf. F. C. von Savigny, Sistema di Diritto Romano Attuale, op. cit., pg. 46-48.

[212] Cf. Giovani Pugliesi, I Pandettisti fra tradione Romanística e moderna scienza del diritto, *in* La Formazione Storica del diritto moderno, op. cit., vol. 1, pg. 40.

[213] Cf. Klaus Luig, La Pandettística come scienze guida della scienza giuridica dell'ottocento, *in* Augusto Teixeira de Freitas e il diritto latinoamericano, op., cit., pg. 290.

poderia servir para a construção de uma ciência jurídica independente da vontade legislativa ou política[214].

O cerne da pandectística estava estruturado em dois objetivos que corriam paralelos: de um lado, a busca de uma sistemática, e de outro, a preocupação de elaborar conceitos sempre mais precisos. Essa dúplice finalidade só poderia contribuir para deitar as bases do Código Civil alemão. De fato, os pandectistas, com os seus manuais, realizavam uma tarefa supletiva do código na medida em que constituíam a suprema autoridade em matéria de Direito privado. Isto se deve, como se afirmou, ao extraordinário domínio que possuíam no plano da elaboração sistemática, bem como ao formular os conceitos. Estavam, assim aptos a servir de argumento de autoridade máxima dentro do sistema de Direito comum vigorante na Alemanha oitocentista[215].

Após a polêmica de 1814, foi somente a partir de 1830 que ressurgiu o debate em torno de um código único para a Alemanha. Dessa vez, conjuntamente a uma discussão em relação à oportunidade da recepção do Direito romano na Alemanha. Essa disputa opôs os partidários ao Direito germânico contra os adeptos da escola histórica. Esta imposição se modifica, porém, a partir da obra de Georg Beseler (1805-1888), que introduz um conteúdo político à discussão que até então se travava[216].

De fato, os germanistas perceberam no programa liberal de unidade do império uma oportunidade de aliança contra o predomínio dos romanistas. Beseler, com sua concepção de Direito popular, contribui para essa união. Mais precisamente, com sua tentativa de restabelecer a noção de que o Direito nasce a partir do espírito popular, mas que não necessariamente se desen-

---

[214] Ver Klaus Luig, op., cit., pg. 292-292.

[215] Cf. F. Wieacker, op., cit., pg. 510.

[216] Cf. Franz Wieacker, La Lotta per i codici nazionali, *in* Diritto privatto e società industriale, Edizioni Scientifique Italiane, 1983, pg 127.

volve por intermédio da classe dos juristas, como pressupunha Savigny. Essa noção proporcionava um contributo à idéia de codificação na Alemanha na medida em que, para Beseler, codificar não significava criar um Direito novo, mas, isto sim, transformar e aprimorar o Direito vigente[217].

Essas idéias foram acolhidas pelos principais movimentos políticos da época, especialmente pela Assembléia de Lubeca, de 1847, que continha em seu programa uma conclamação por uma codificação comum a toda a Alemanha[218]. Mesmo com a derrota da Revolução de 1848, o movimento codificatório prossegue, especialmente no campo do Direito obrigacional e comercial. Além da característica marcadamente técnica dessas matérias, o que facilitava a unificação, percebe-se a influência da classe burguesa e a importância do aspecto econômico a impulsionar esse objetivo. Um exemplo significativo nesse sentido encontra-se nos esforços voltados para a elaboração de uma Lei Cambiária em virtude da importância que possui esse instituto na economia alemã. É assim que surge, já em 1847, um projeto de lei cambiária geral alemã, aprovado em 1848. De modo que, mesmo sem ser Direito nacional, constitui-se um Direito comum sobre a matéria. Por sua vez, com o advento do Império, em 1871, sancionava-se uma lei a respeito[219].

Simultaneamente, tem início a elaboração não só de projetos de codificação civil nos diversos estados alemães, dos quais só o do Saxe entra em vigor, como se pensa na possibilidade de um Direito obrigacional comum a toda a Alemanha. Essa idéia será a base do projeto Dresdem, de 1863, que muito influenciará o Código Civil[220].

---

[217] Cf. H. Hattenhauer, op., cit., pg. 204-204.

[218] Cf. F. Wieacker, La Lotta per I Codici Nazionali, *in* Diritto Privato e Società Industriale, op., cit., pg. 128-129.

[219] Cf. Alfred Hueck e Claus-Wilhelm Canaris, Derecho de los Títulos de Valor, pg. 66-67, ed. Ariel, Barcelona.

[220] Cf. F. Wieacker, História do Direito Privado, pg. 530-531.

Antecipado pela leis de organização judiciária, os trabalhos preparatórios do Código Civil alemão têm início com a Lei Lasker, em 1873, que ampliou a competência legislativa do Império - vencendo a resistência conservadora - também ao Direito Civil. De fato, a Constituição do Império estabelecia que a legislação relativa ao Direito Civil era de competência dos Estados. Tratava-se de uma medida visando justamente a manter com os conservadores a iniciativa dessa matéria. Desse modo, em 1871 incumbiu-se a uma comissão de onze membros a tarefa de elaborar um projeto de codificação. Entre os seus principais integrantes, cumpre destacar Pape, presidente, Gottieb Planck e Windscheid, o que marcava a presença da pandectística na formulação do projeto de código. Esse projeto, o primeiro a ser feito, foi publicado em 1887. Contudo, foram intensas as críticas, especialmente em razão do seu profundo distanciamento da vida prática, bem como em virtude de seu conservadorismo. Esta, aliás, foi a maior censura feita por juristas como Gierke e Menger, responsáveis pela introdução da famosa gota de óleo social no projeto. Foram bastante severas as críticas de Menger ao projeto do B.G.B. A partir de uma análise da escola histórica, que considerava excessivamente voltada para o passado, Menger ataca vários pontos do projeto, desde os seus princípios até a sua sistemática, pois tanto um quanto outro são para ele reveladores das soluções egoístas da codificação alemã[221].

Em 1890, forma-se uma segunda comissão em que se acrescenta aos dez membros permanentes doze membros eventuais. Em 1895, é concluído o segundo projeto. Depois de ter sofrido alterações, ele é submetido ao parlamento em 1896, já como terceiro projeto. Aprovado, é publicado em 18 de agosto de 1896 para vigorar em 1900.

---

[221] Cf. Anton Menger, El Derecho civil de los pobres, pg. 48-49, Buenos Aires, ed. Atalaya.

O Código Civil alemão, o B.G.B., é, em primeiro lugar, o produto de uma comissão formada preponderadamente, com a honrosa exceção de Windscheid, por funcionários públicos. Homens com grande apreço pela pandectística, mas com uma visão extremamente limitada do mundo prático[222]. Além disso, ele se destaca por levar a extremos a idéia de que uma codificação deve ser necessária e rigorosamente exaustiva. De fato, o B.G.B., nesse particular, supera todos os códigos anteriores ao pretender implantar uma sistemática precisa e uma vigorosa estrutura conceitual.

Uma primeira demonstração dessa característica do Código alemão encontra-se na sua parte geral. Essa circunstância está profundamente ligada à contribuição da pandectística[223]. Embora se encontre essa divisão já em autores como J.G. Darjes e Nettelbladt, é certo que será Heise o primeiro pandectista a empregá-la[224]. A partir de então, esse modelo disseminou-se paulatinamente pelos demais autores[225]. A decisão de adotar uma parte geral, portanto, demonstra a influência da pandectística no processo codificatório, bem como a sua tentativa obstinada de alcançar uma organização perfeita e exaustiva. Seu principal objetivo consiste, justamente, em distinguir, de forma nítida, as regras gerais das específicas, sendo aquelas colocadas à frente destas. Tão importante se torna essa distinção, do ponto de vista doutrinário, que se passa, inclusive, a distinguir entre os códigos que possuem ou não parte geral. A parte geral representa, portanto, um emblema da pandectística e de sua forma de pensar[226].

---

[222] Cf. F. Wieacker, História do Direito Privado, op., cit., pg. 538.

[223] Cf. F. Wieacker, História do Direito Privado, op., cit., pg. 558.

[224] Na realidade, a doutrina situa Heise mais como um mediador entre o pensamento jusnaturalista, representado justamente por Darjes e Nettelbladt, e a doutrina pandetística. Nesse sentido, ver nota 207.

[225] Cf. G. Pugliese, I Pandettisti, op., cit., pg. 47-51.

[226] Isto não significa; porém, que o modelo de parte geral seja imune às críticas. Bem ao contrário, pois em face da complexidade de seu sistema é que

Além da parte geral, o B.G.B. é dividido em 4 livros que compõem a parte especial: Obrigações, Direitos Reais, Família e Sucessões. Isso constitui uma novidade em relação ao Código Civil francês. Trata-se de mais um exemplo da influência pandectística, sendo que uma obra anterior, o Código da Saxônia, de 1865, já seguira esse modelo[227]. Uma outra característica relevante do B.G.B. são as cláusulas gerais. Com efeito, elas representam a possibilidade oferecida pelo legislador para que o Código pudesse ser preservado. Pode-se afirmar que sem a existência dessa técnica, com a conseqüente outorga de poderes à jurisprudência, seria difícil obter a renovação do B.G.B. Foram justamente os critérios estabelecidos, tais como a boa-fé e os bons costumes, que serviram de balisamento para o trabalho jurisprudencial. É certo que foram feitas críticas ao seu uso, como é exemplo a tese de Justus Hedemann (1878-1963), que alertou para o perigo de uma fuga para as cláusulas gerais[228]. Contudo, sem as cláusulas gerais e sem o inteligente emprego que delas se fez, o edifício que é o Código Civil alemão não teria resistido à passagem dos tempos.

O B.G.B foi, em suma, essencialmente, um Código do liberalismo econômico. Ele não oferecia soluções aos grandes conflitos sociais que ameaçavam as instituições do Direito privado no final dos Oitocentos[229]. Era um Código destinado a pessoas dispostas a empreender e

---

códigos importantes como o suíço e o italiano não a adotaram. Para uma análise dessa questão, cf. Konrad Zweigert-Hartmund Dietrich, System and language of the German Civil Code 1900, *in* Problems of Codification, organizado por S. J. Stolyar, pg. 40-41.

[227] Cf. Konrad Zweigert-Hartmund Dietrich, op. cit., pg. 37-38.

[228] Cf. H. Hattenhauer, op., cit., pg. 228.

[229] Muito embora já aparecessem os efeitos da Revolução Industrial, a influência da pandectística, e por via de conseqüência das fontes romanas, fez com que fossem refreadas, naturalmente, certas evoluções. A esse respeito, cf. Franz Wieacker, Pandettistica e Rivoluzione Industriale, *in* Diritto privato e società industriale, op., cit., pg. 93-110, em especial pg. 99.

que necessitavam de ampla margem de liberdade e escassa proteção estatal[230]. A técnica e a linguagem do B.G.B. exprimem a sua origem baseada num positivismo científico. Há nele uma estrutura conceitual rigorosa e uma ausência quase completa de casuística. Contudo, embora logo tenha sido considerado como uma obra do mesmo nível do *Code Civil*, influenciando diversos países, o B.G.B. não foi para a Alemanha o que o Código de Napoleão foi para a França. E isto, talvez, porque ele foi mais uma conseqüência, um fruto tardio do liberalismo, do que uma semente. Quando ele surgiu, a "hora e a vez do liberalismo e do positivismo já estavam passando"[231].

O Código Civil francês e o B.G.B. não foram as únicas codificações européias. Mas, certamente, elas representam o seu apogeu na medida em que culminam, cada qual a seu modo, dois modelos histórico-jurídicos diversos. No entanto, isto não significa dizer que a idéia de código restringiu-se ao continente europeu. De fato, muito antes do advento do Código Civil alemão, várias nações latino-americanas preocupavam-se em codificar o seu Direito. É certo que algumas delas limitaram-se, simplesmente, a adotar o Código Civil francês[232], mas muitos países adotaram soluções originais que não podem ser descuradas.

---

[230] Cf. H. Hattenhauer, op., cit., pg. 252.

[231] Cf. F. Wieacker, História do Direito Privado, op., cit., pg. 252.

[232] Mas esse fato não é uma prerrogativa sul-americana, porquanto mesmo países europeus sofreram fortemente a influência do código francês. Ilustrativos dessa tendência são os códigos italiano, de 1865, e português, de 1867.

Capítulo V

As codificações latino-americanas

A história das codificações latino-americanas não apresenta as mesmas especificidades que as européias. Aliás, têm sido suficientemente demonstradas as diferenças existentes na família jurídica romano-germânica entre o subsistema latino-americano e o europeu. De fato, o processo de codificação latino-americano não sofreu, em primeiro lugar, a identificação com o legalismo estatal, nem a mesma necessidade de superar o particularismo jurídico medieval. Não se apresentavam igualmente, as razões para lutar contra o Direito Romano, base do Direito comum[233]. Sem qualquer dúvida, os códigos latino-americanos não são, pura e simplesmente, uma continuação do Direito Europeu[234] como se poderia pensar. Países como o Brasil, Chile e Argentina encontraram soluções próprias e originais para encaminhar seus modelos de codificação.

Alguns aspectos marcam a técnica codificatória desses países. Um deles é o papel da doutrina. As codificações são obras de juristas. Coube a Clóvis Beviláqua, Andrés Bello e a Vellez Sarsfield, respectivamente, a realização dos códigos brasileiro, chileno e argentino. Mas é certo que eles se basearam na doutrina já existente, em especial no Direito Romano. Um aspecto relevan-

---

[233] Cf. Tulio Ascarelli, Diritti dell'América Latina e dottrina italiana, *in* Studi di diritto comparato e *in* tema di interpretazione, Milano, 1952, pg. 155. e segs.

[234] Cf. Sandro Schipani, I Codici latino americani, op., cit., pg. 665.

DA CODIFICAÇÃO
CRÔNICA DE UM CONCEITO

91

te se encontra no código argentino, onde incluíram-se as próprias notas do texto[235].

Uma outra característica importante é o de que as codificações latino-americanas não contêm a concepção de fechamento em si mesmas, o que caracteriza as codificações oitocentas européias. Isto se deve ao fato de estas possuírem uma identificação com a idéia de Estado centralizado e absoluto, bem como com a afirmação de suas identidades nacionais. Esse fatores não se apresentam na América Latina, pelo menos não com a mesma intensidade[236].

É certo que a circunstância de se examinar as codificações brasileira, chilena e argentina não significa que em relação aos demais países não existam aspectos a serem valorados. Ocorre que nesses três casos sobressaem os elementos mais significativos da história da codificação latino-americana.

De fato, o Código Civil chileno influenciará os Códigos Civis de outros países, como o Equador e a Colômbia. O Esboço de Teixeira de Freitas, por sua vez, influenciará tanto o Código Civil uruguaio quanto a própria obra de Velez Sarsfield na Argentina. Esta, por fim, será aplicada no Paraguai a partir de 1872. Cumpre, portanto, que se trate dos Códigos desses três países a fim de perceber quais são suas peculiaridades.

---

[235] Ver a respeito, L. Mosses de Espanés, Reflexiones sobre las notas del código civil argentino, *in* Studi Sassaresi, vol. V, pg. 448.

[236] Um bom exemplo dessa diferenciação é dado ao se analisar o problema dos princípios gerais do Direito e sua disposição nos Códigos Civis. Ver a respeito, Sandro Schipani, El código civil peruano de 1984 y el sistema jurídico latinoamericano, *in* Elementi di Unitá e Resistenza del sistema giuridico latinoamericano, s/d, pg. 155-183.

Seção 1 - Código Civil brasileiro

O Direito Civil brasileiro é marcado pela longa influência do Direito português. De fato, o Brasil conheceu, desde o descobrimento até o Código Civil, a vigência das Ordenações. Essa circunstância só poderia ser determinante para o Direito brasileiro. As primeiras Ordenações foram as Afonsinas, de 1446[237]. A elas se seguiram, em face do descobrimento da imprensa - o que favorecia enormemente a divulgação - As Manuelinas, em 1514. As Filipinas foram publicadas em 1603, durante o domínio espanhol, tendo sido confirmadas em 1643. Acrescente-se que as Ordenações não eram uma obra exaustiva, especialmente no que concerne ao Direito Privado. De modo que, apesar de existir uma determinação de as fontes só serem empregadas na ausência do Direito nacional, era freqüente a necessidade de recorrer-se à opinião de autores e ao Direito subsidiário[238]. Uma de suas principais características, nesse aspecto, é a de ter conferido autoridade às opiniões de Bártolo e Acúrsio. Embora tenha-se limitado a sua utilização, pois deveriam estar conforme a *communes oppinio* dos autores, essa restrição não era considerada. De sorte que era muito freqüente recorrer-se à obra de Bártolo nesse período[239].

---

[237] Sua divisão consistia em 5 livros. O Livro I, com 72 títulos, tratava dos regimentos dos cargos públicos, régios ou municipais. O Livro II, com 123 títulos, contemplava a matéria relativa à Igreja e à situação dos clérigos, direitos dos reis em geral, administração fiscal, jurisdição dos donatários, privilégios da nobreza, jurisdição dos notários e legislação especial sobre os judeus e mouros. O Livro III, abrangendo 128 títulos, concerne o Processo Civil. O Livro IV, com 112 títulos, trata do Direito Civil. E o Livro V, com 121 títulos, versa sobre o Direito e o Processo Penal. Esse esquema, com o passar do tempo, não se alterou.

[238] Cf. Mário Júlio de Almeida Costa, Romanismo e Bartolismo no Direito Português, *in* Boletim da Faculdade de Direito de Coimbra, vol. XXXVI, pg. 33.

[239] Cf. M. J. Almeida Costa, op., cit., pg. 35.

O Direito português também conheceu, com o Iluminismo, um movimento visando a sua reformação. Pode-se determinar o seu início com a obra de Luis Antônio Verney, em 1746, *Verdadeiro Método de Estudar*. Nela se tecem inúmeras críticas à situação do Direito Português, especialmente por força da confusão gerada pelo excesso de citações e opiniões que se acumulavam[240]. O produto dessa renovação é a Lei da Boa Razão, de 18 de agosto de 1769, de autoria do Marquês de Pombal. Por seu intermédio se modifica o uso do Direito Subsidiário, e a interpretação passa a ser condicionada à boa razão. Pode-se apontar, nesse fator, a existência de um Direito Subsidiário tão rico, a razão de ser de vitalidade das Ordenações Filipinas e de sua longa duração[241].

Por outro lado, já se observou que no Direito brasileiro não houve a necessidade, tão urgente nos estados europeus, de centralização e de subordinação de todos os cidadãos à mesma lei[242]. Sem dúvida esse é um fator substancialmente mais europeu do que sul-americano. Contudo, não se pode deixar de referir que as Ordenações proporcionaram, de certo modo, essa centralização. Embora tenham sido uma obra incompleta, a sua função no Direito português - e por extensão no brasileiro - era justamente a de constituir um corpo central de leis. Nesse aspecto, não se encontra um caso símile nos demais países europeus[243].

---

[240] Cf. Mário Reis Marques, O Liberalismo e a Codificação do Direito Civil em Portugal, *in* Boletim da Faculdade de Direito de Coimbra, Suplemento XXIX, 1987, pg. 22-42.
[241] Cf. Orlando Gomes, Raízes históricas e sociológicas do Código Civil brasileiro, *in* Ajuris, 9, pg. 8.
[242] Cf. Corrado Pecorella, Consolidazione e Codificazione *in* una sperienza brasiliana, *in* Augusto Teixeira de Freitas e il diritto latinoamericano, op., cit., pg. 222.
[243] C. Clóvis do Couto e Silva, Direito Civil em perspectiva histórica e visão de futuro, *in* Ajuris, 40, pg. 148.

De fato, mesmo depois da independência as Ordenações continuaram a vigorar no Direito brasileiro. Em 20 de outubro de 1823, determinou-se que no Império vigorassem as Ordenações, leis e decretos promulgados pelos reis de Portugal até 25 de abril de 1821 enquanto não se organizasse um novo código ou esses não fossem alterados.

A própria Constituição de 25 de março de 1824 dispunha, no Artigo 179, XIII, que se elaborasse um Código Civil. Contudo, essa tarefa só seria concluída cerca de 80 anos mais tarde. Enquanto em 1867 Portugal realizava o seu Código Civil, de autoria do Visconde de Seabra, as Ordenações continuaram em vigor até 1916, ou seja, por mais de trezentos anos.

À medida que o Código Civil português se dissocia de sua própria tradição, ao adotar vários princípios do Código Civil francês, o Direito brasileiro mantém-se fiel à raiz portuguesa. Isto se explica devido à natural atração que exercia o "Code Civil" à época, bem como às idéias de que era representante a França. Embora o Brasil não estivesse imune aos movimentos liberais surgidos após a Revolução Francesa, as suas concepções jurídicas mantiveram-se ligadas às tradições portuguesas. Esta é, com efeito, uma das características fundamentais do direito brasileiro[244].

Mas uma fundamental razão para o Direito brasileiro ter mantido a linhagem portuguesa encontra-se na obra de Teixeira de Freitas. Embora desde 1830 já existisse no Brasil um Código Criminal, e a partir de 1850 um Código Comercial, até a segunda metade do século XIX não possuía o Brasil um Código Civil. Nada mais compreensível, portanto, que a legislação se encontrasse em um estado desordenado.

---

[244] Essa circunstância pode ser percebida, de forma significativa, na matéria da transmissão de propriedade. Enquanto o Direito brasileiro manteve a forma solene, o Direito português, a partir de 1867 - data do Código Civil - adotou o modelo francês, em que basta o simples consenso. Cf. Clóvis do Couto e Silva, op. cit., pg. 148.

Em conseqüência, o Governo Imperial outorga a Teixeira de Freitas, em 15 de fevereiro de 1855, a tarefa de realizar uma Consolidação das Leis Civis. Essa obra visava a coligir e a classificar toda a legislação pátria. Essa missão foi realizada com eficiência exemplar. De fato, a consolidação é uma obra importantíssima no Direito brasileiro, entre tantos motivos, porque conserva a sua tradição jurídica[245]. Um dos pontos altos da Consolidação é o seu sistema. Nela, de fato aparece a centelha criativa de Freitas na medida em que ele a divide em uma parte geral e outra especial. Pela primeira vez, portanto, adotava-se a sistemática alemã numa legislação civil. Contudo, a parte geral limitava-se às pessoas e às coisas, por entender que somente os atos lícitos deveriam ser regulados, razão pela qual não alcançamos o conceito de Fato Jurídico, o grau de generalidade suficiente. Quanto à parte especial, diferenciavam os Direitos pessoais dos reais[246].

Por um lado, era um trabalho que pressupunha uma continuação, na medida em que se previa uma seqüência: a realização de um projeto de Código Civil. E é interessante observar que Freitas, apesar de romanista, profundamente influenciado por Savigny, não rechaçava a idéia de codificação[247]. Por conseguinte, a Consolidação é uma obra em que sobressai a necessidade de simplificação, de clareza, de síntese, a fim de se obter a reforma da Legislação Civil.

Essa perspectiva se confirma em 1859, quando foi dada a Freitas a missão de fazer o projeto do Código Civil. Essa obra - o Esboço - não será concluída, tendo sido escrita até o terceiro livro da parte especial. Contu-

---

[245] Cf. Orlando Gomes, op., cit., pg. 12.

[246] Cf. José Carlos Moreira Alves, A formação romanista de Teixeira de Freitas e seu espírito inovador, *in* Augusto Teixeira de Freitas e il diritto latinoamericano, organizado por Sandro Schipani, Cedam, 1988, pg. 27.

[247] Ver a respeito Couto e Silva, op., cit., pg. 153(8), que percebe na origem desse posicionamento um efeito da longa vigência das ordenações no direito brasileiro.

do, sua importância é muito grande, seja porque inspira numerosas disposições do futuro Código Civil brasileiro, seja porque influencia o trabalho de Velez Sarsfield. Uma vez mais, não se pode esquecer a sistemática adotada por Freitas. De fato, no Esboço ele aperfeiçoa a técnica utilizada na Consolidação ao incluir a noção de fato jurídico na parte geral. Esta é precedida de um título preliminar, que trata do lugar e do tempo. Na parte geral, o Livro I inicia com o título "Dos elementos dos Direitos", onde em três seções cuida-se das pessoas, das coisas e dos fatos. A parte especial, por sua vez, refere-se aos Direitos e se divide em três livros: Livro II, Direitos pessoais; Livro III, Dos Direitos Reais; Livro IV, Disposições comuns aos Direitos reais e pessoais[248].

Embora tenham sido redigidos 4.908 artigos, a obra restou inacabada. Freitas interrompeu o seu trabalho porque pretendia realizá-lo diversamente. Queria elaborar, de um lado, um código geral, abrangendo toda a legislação e todos os ramos do Direito, com as necessárias definições, regras sobre publicação, interpretação e aplicação de todas as leis, bem como a parte geral do Esboço. De outro, queria fazer um Código Civil em que resultasse unificado todo o Direito Privado, com o que se trataria também de matéria regulada no Código Comercial.

Assim, Freitas renuncia ao seu plano inicial a fim de propugnar a unificação do Direito Privado. Em vista disso, apesar do parecer favorável do Conselho do Estado, considera-se rescindido o contrato por não ter sido o projeto concluído dentro do prazo fixado. Em 1872, oficializa-se a rescisão contratual.

Já em 1873, porém, retoma-se a tentativa de codificação do Direito brasileiro. Sucede a Freitas o Conselheiro Nabuco, que morre, no entanto, sem poder sequer apresentar um trabalho conclusivo. A seguir, aparecem

---

[248] Ver Código Civil, esboço, por A. Teixeira de Freitas, volumes 1 a 4, Ministério da Justiça, 1952.

os trabalhos de Felício dos Santos, cujos Apontamentos, apresentados em 1881, não obtêm sequer parecer favorável da Comissão Revisora. A mesma sorte tem o Projeto Coelho Rodrigues, de 1893. Cabe, então, a Clóvis Beviláqua ser escolhido para a realização de um novo projeto. Professor de Legislação Comparada, oriundo da Escola de Recife, formada por Tobias Barreto[249], Beviláqua inicia a elaboração do anteprojeto em 1899, completando-o no mesmo ano. Depois de duas revisões, o Projeto foi submetido ao Congresso em novembro de 1900.

Desde logo, o seu projeto sofre a oposição de Ruy Barbosa. Este o critica duramente, especialmente no que se refere à parte gramatical. Travou-se, inclusive uma dura polêmica a esse respeito, pois o projeto foi defendido por Carneiro Ribeiro, a que se seguiu a Réplica de Ruy Barbosa.

Por fim, em 1916, depois de dezesseis anos de tramitação, era promulgado o Código Civil para vigorar a partir de 1º de janeiro de 1917. Conforme já se observou inicialmente, esta é uma situação singular do Direito brasileiro, na medida em que conheceu, num curto espaço de tempo, dois processos legislativos, a consolidação e a codificação, que se apresentavam associados entre si.

Quanto ao sistema, divide-se igualmente numa parte geral e outra especial. A parte geral dividida em Pessoas, Bens e Fatos jurídicos; a especial, em Direito da Família, Direitos Reais, Obrigações e Sucessões.

O código brasileiro revela-se, por um lado, extremamente conservador, como se pode observar nas disposições do Direito de Família. São ilustrativos dessa tendência a proibição do divórcio, a predominância da posição paterna para o consentimento do casamento de

---

[249] Ver Mário G. Losano, La scuola di Recife e l'influenza tedesca sul diritto brasiliano, *in* Materiali per una storia della cultura giuridica, IV, 1974, pg. 323-415.

FÁBIO SIEBENEICHLER DE ANDRADE

filhos menores, a prevalência dada ao marido na chefia da sociedade conjugal[250]. Ao mesmo tempo, é marcado pelo liberalismo nas soluções obrigacionais na medida em que adota, por exemplo, a culpa como fundamento da responsabilidade civil. Mantém, inclusive, como legislação especial a lei que disciplina a responsabilidade objetiva nas ferrovias. Esse individualismo, porém, é uma característica da qual dificilmente poderia escapar o Código Civil brasileiro na medida em que ele se enquadra nas grandes linhas doutrinárias das codificações oitocentistas. Embora promulgado em 1916, o Código brasileiro revelou-se um código do século XIX, com a conseqüente incapacidade de tratar dos problemas sociais com que em pouco tempo o Direito brasileiro iria defrontar-se.

Representa, porém, um modelo de continuidade jurídica dentro da tradição cultural proveniente das Ordenações. Nele a ruptura entre o antigo e o novo se fez de forma bem mais sutil do que nos países europeus[251].

Seção 2 - Código Civil Argentino

A Argentina torna-se independente da Espanha em 1816. É a partir de 25 de maio de 1810, porém, a data da revolução a favor da independência, que se pode situar

---

250 É importante ressaltar que esse tom marcadamente conservador não se deveu a Clóvis Beviláqua. Foi obra do esforço tenaz empreendido por uma figura desconhecida nos dias atuais: Andrade Figueiras. Foi ele o expoente da bancada conservadora durante os trabalhos legislativos. É exemplar sua manifestação durante a discussão sobre o divórcio. Cf. Projeto do Código Civil brasileiro, trabalhos da Comissão especial da Câmara dos Deputados, Vol, V, Imprensa Nacional, 1902, Rio de Janeiro, pg. 13-22. Há quem o refira, junto a Rui Barbosa e Clóvis Beviláqua, sem esquecer Freitas, como co-autor do Código Civil. Nesse sentido, Bernardino Bravo Lira, Centenario del Código Civil espanol de 1889, pg. 132, separata da Universidade de Alicante y Complutense de Madri.
251 Cf. Clóvis do Couto e Silva, Miguel Reale Civilista, *in* Revista dos Tribunais, 672, pg. 59.

DA CODIFICAÇÃO
CRÔNICA DE UM CONCEITO

o início das modificações políticas na Argentina. Até então, no período colonial, o Direito em vigor constituía-se do Direito Espanhol e da Lei das Índias.

Quanto ao primeiro, era formado pelo Fuero Juzgo, o Fuero Viejo de Castilla, o Fuero Real, as Siete Partidas, as Leis de Estilo, o Ordenamento de Alcalá, as Ordenanças Reais de Castela, as Leis de Toro e a Novíssima Recompilação, promulgada em 1805. Já a Lei das Índias era dividida em nove livros, abrangendo tanto o Direito público quanto o Direito Privado. Este tratava sobre a escravidão, sobre o trabalho e a pessoa dos índios, a proibição para contrair matrimônio imposta a certos funcionários públicos, disposições referentes à arrecadação, administração e venda dos bens dos falecidos na colônia, e ainda normas sobre sucessão testamentária e legítima[252].

A Argentina também teve um Código Comercial antes do Código Civil. Seus autores foram Dalmácio Velez Sarsfield e Eduardo Acevedo, jurista uruguaio, à época exilado na Argentina. Nomeados em 1856, apresentaram o seu projeto em abril de 1857. O código entra em vigor em 7 de outubro de 1859.

Restava, portanto, o Código Civil. Primeiramente, em 1862, designa-se a Marcelo Gamboa e Marcelino Duarte essa tarefa. No entanto, essa comissão logo será substituída. De fato, em 1864 é designado Velez Sarsfield para elaborar o Projeto do Código Civil argentino.

Já em 1865, apresenta ao governo o primeiro livro do projeto, referente às pessoas. Paulatinamente iam sendo apresentadas as partes do projeto, que só foram concluídas em 1869. Graças ao apoio por parte do governo argentino, que exigiu que fosse dado um voto de confiança ao código, não houve nenhum exame acurado por parte do Congresso. De modo que o Código foi

---

[252] Cf. Silvio Meira, Direito Brasileiro e Direito Argentino, Códigos Comercial e Civil. Influência do Esboço de Teixeira de Freitas no Projeto de Velez Sarsfield, *in* Studi Sassaresi, V, pg. 204.

aprovado já em 29 de setembro de 1869 para entrar em vigor em 1º de janeiro de 1871.

Não se pense, porém, que o trabalho de Velez foi feito sem polêmicas. A mais importante deu-se entre Juan Bautista Alberdi e o próprio Velez Sarsfield. Alberdi - movido também por um forte antagonismo pessoal com o autor da codificação - teceu uma severa crítica ao projeto. Inicialmente, declarava-se contrário à idéia de código, pois considerava que esta era inconciliável com a estrutura política do país, fundada sobre o modelo americano. Depois, não via no código a melhor forma de expressar o desenvolvimento do Direito argentino, tarefa que deveria ser deixada a cargo da ciência jurídica. E, por fim, era profundamente contrário às fontes escolhidas por Sarsfield, especialmente em relação ao uso do Esboço de Freitas. Segundo ele, impunha-se valorizar o Direito argentino e não buscar subsídios em culturas jurídicas alienígenas[253].

A resposta de Velez ficou restrita ao aspecto jurídico do projeto. Destacou, inicialmente, o fato de Alberti não ter lido inteiramente o seu trabalho. Essa circunstância de fato ocorreu, pois este havia lido somente o ofício pelo qual Velez encaminhara o Projeto ao governo argentino. Contudo, ressalve-se que o ofício era uma verdadeira exposição de motivos, contendo as linhas gerais do seu projeto. Sarsfield defendeu, igualmente, a codificação, pois a considerava capaz de abranger tanto os resultados mais recentes da ciência jurídica quanto os elementos jurídicos da tradição. Enfim, argumenta que em seu projeto não estão presentes somente as idéias de Freitas, mas as mais variadas influências[254].

A obra de Velez Sarfield, com 4051 artigos, contém uma profunda influência do Esboço de Teixeira de Freitas. Com efeito, do total de artigos do Código argentino,

---

[253] Ver a respeito, Victor Tau Anzoátegui, La codificación en la Argentina (1810-1870, Buenos Aires, 1977, pg. 377-379.
[254] Ver Victor Tau Anzoategui, op. cit., pg. 382-384.

DA CODIFICAÇÃO
CRÔNICA DE UM CONCEITO

em torno de um terço provém dele, sendo que vários artigos foram traduzidos literalmente[255]. Também o sistema do Código Civil argentino segue muito de perto o do Esboço. Possui um título preliminar que trata das leis e do modo de contar os intervalos do Direito. Segue-se um livro I: Das Pessoas; Livro II: Dos direitos pessoais nas relações civis; Livros III: Dos Direitos Reais; Livro IV: Dos Direitos Reais e Pessoais. Disposições comuns. O seu ponto de apoio radica, portanto, na distinção entre direitos pessoais e direitos reais, o que exigiu um esforço do legislador a fim de simplificar o material legislativo. No entanto, Velez não realizou uma cópia da obra de Teixeira de Freitas. Há, inclusive, todo um livro do Código, relativo a sucessões, concursos e prescrição, que Sarsfield realiza por si só, porquanto Freitas não o tinha idealizado. Acrescente-se que Sarsfield não segue cegamente Freitas. Dotado de maior espírito prático, procura adaptar as suas idéias, como sucede em relação à parte geral. Nela não enquadra as pessoas, os atos jurídicos e as coisas, limitando-se a tratá-los nos livros respectivos[256].

O Código argentino, portanto, não deixa de ter suas características próprias. Primeiramente, incorpora-se à linhagem do Direito Romano, seja pela própria formação pessoal de seu autor, seja pelas próprias fontes em que baseou o seu projeto[257]. É assim que prefere respeitar a origem romana, em relação à transferência da propriedade, do que adotar o Código Civil francês, o qual havia estabelecido que o contrato era suficiente para a

---

[255] Cf. Enrique Matinez Paz, Freitas y sua influencia sobre el Código Civil Argentino, pg. XXXI-LVI, Universidad de Cordoba, 1927.

[256] Cf. Alberto Burdese, Il sistema del codice civile argentino e la distinzione tra diritto personali (Dal pensiero di Teixeira de Freitas e quello di Vélez Sarsfield, *in* Dalmacio Velez Sarsfield y el derecho latinoamericano, op., cit., pg. 157-161.

[257] Cf. Abelardo Levaggi, La Formacion Romanista de Dalmacio Velez Sarsfield, *in* Studi Sassaresi, V, pg. 317-345.

transferência da propriedade. Segue-se a necessária presença do antigo Direito espanhol, especialmente mediante as Sete Partidas e a Lei das Índias. Por fim, a contribuição da dogmática do século XIX, representada especialmente por Savigny e Zachariae, bem como os códigos oitocentistas, encabeçados pelo projeto de Freitas. Um exemplo dessa originalidade está em sua preocupação em disciplinar a pessoa jurídica. Este era um tema que até então não tivera um tratamento pelas codificações. Sarsfield, de fato, será o primeiro a convertê-lo em lei. Aqui revela-se a influência de Savigny, bem como a de Freitas. Enquanto este limitava a expressão pessoas jurídicas a apenas uma das espécies do gênero pessoas de existência ideal, Velez as utilizava como sinônimos, seguindo o exemplo de Savigny[258].

Um outro aspecto importante do Código argentino é a existência das notas que acompanham os artigos. A sua origem se deve à exigência expressa do governo argentino, por intermédio do Ministério da Justiça, que pretendia que o projeto contivesse todos os seus antecedentes, com as devidas anotações e referências, a fim de facilitar a sua discussão[259].

A existência dessas notas gerou muita controvérsia, porquanto se entendeu que eram indicativas de todas as fontes diretas do Código Civil argentino. Contudo, não é assim, pois as notas servem como fundamentação das decisões e para situá-la em relação ao Direito comparado. Tanto é, que o próprio Velez Sarsfield admitiu que utilizou da obra de Freitas muitos artigos[260]. Contudo,

---

[258] Cf. Abelardo Levaggi, Fuentes de la sección "De las Personas en general" del Código Civil argentino de Vélez Sarsfield - Influencia de ella en Código Civil uruguayo, *in* Dalmacio Velez Sarsfield y el derecho latinoamericano, op., cit., pg. 236.

[259] Cf, Manuel Osvaldo Cobas - Jorge Alberto Zago, La influencia de las notas del cdigo civil en la ciencia del derecho argentino y latinoamericano, *in* Dalmacio Velez Sarsfield y el derecho latinoamericano, op. cit., pg. 144.

[260] Cf. Enrique Paz, op. cit., pg. XXI-LVI.

não o cita sequer uma vez nas notas referentes à seção II^a do Livro I$^\circ$, relativa aos Direitos pessoais de família[261]. De fato, elas se colocam em uma posição singular na medida em que contêm as razões da escolha feita pelo legislador, bem como a comparação feita com a legislação estrangeira. Fogem, portanto, ao esquema tradicionalmente identificado com uma exposição de motivos[262]. É, por fim, um código igualmente individualista. Suas soluções enquadram-se nessa tendência geral, própria das legislações oitocentistas. Nesse sentido, é mais rigoroso que o Código Civil francês, pois não reproduz vários dispositivos protetivos que este contém, tais como o instituto da lesão na compra e venda e a possibilidade de o juiz reduzir as obrigações dos emancipados[263].

Seção 3 - Código Civil chileno

O Código Civil chileno tem na figura de Andrés Bello (1781-1865) o seu principal idealizador. Nascido na Venezuela, onde fez seus estudos acadêmicos, Andrés Bello viveu quase 20 anos na Inglaterra antes de fixar residência no Chile em 1829. Nessa época, já se tratava da codificação no Direito chileno. De fato, em 1822, Bernardo O'Higgins defendera a necessidade de adoção de novos códigos, que, a seu ver, deveriam ter por modelo o Código Civil francês[264].

---

[261] Ver Abelardo Levaggi, Fuentes de la sección De las Personas en general, op., cit. pg. 239.

[262] Ver a respeito, Pietro Reseigno, Dalmacio Velez Sarsfield codificatore, *in* Dalmacio Velez Sarsfield y el Derecho latinoamericano, op. cit., pg. 30.

[263] Ver Hector Masnatta, La ideologia del Código Civil argentino, *in* Dalmacio Velez Sarsfield, op. cit., pg. 186.

[264] Cf. A. Guzman Brito, El pensamiento codificador de Bello entre las polémicas chilenas en torno a la fijación del derecho civil, *in* Studi Sassaresi, vol. V, pg. 139.

A partir dessa data, até 1833, vários projetos de lei foram apresentados no Congresso a fim de propor a realização de uma codificação. No entanto, nenhum deles teve êxito. Esta foi uma fase de intensos debates na vida jurídica chilena, pois se discutia qual o modelo a ser adotado pelo código, especialmente a respeito de qual a função da antiga legislação espanhola. Nesse sentido foi a primeira manifestação de Andrés Bello, em 1833, em que defende um projeto de Manuel C. Vial, pelo qual se realizaria, em primeiro lugar, uma reforma do Direito Civil chileno, e num segundo momento, introduzir-se-iam soluções modificativas. Esta era uma posição intermediária entre as tendências jurídicas à época[265].

Até 1840 não existiram projetos oficiais visando à codificação. Nesse período, porém, Bello elaborou os anteprojetos do Código. Assim quando em 1841 é constituída uma comissão incumbida de realizar a tarefa da codificação, Bello já havia desenvolvido vários dos temas previstos. Assim, em 1853 é apresentado o trabalho completo que, após ter sofrido revisões, é aprovado e promulgado em 1855 para entrar em vigor em 1º de janeiro de 1857.

A obra de Bello reúne as influências do Código Civil francês e da legislação espanhola, especialmente das Sete Partidas. Aqui, aliás, foi decisiva a participação de Bello na medida em que teve de vencer uma grande resistência da doutrina chilena. Esta era renitente a manter a fonte hispânica no Direito chileno.

Não se pense que o Código Civil francês foi o modelo único do Código chileno. Na verdade, é profunda em Bello a herança romanista. Muitas vezes prefere a solução romana, como no caso da transferência de propriedade em que não segue a solução consensual. Em

---

[265] Ver A. Guzman Brito, El pensamiento codificador de Bello, op. cit., pg. 150-151.

outros casos, recorre a fontes diversas, como ao Código Albertino em matéria de águas[266].

Em relação à sistemática, o Código chileno se estrutura do seguinte modo: um título preliminar dedicado à lei, promulgação, efeitos da lei, interpretação, definição de várias palavras de uso freqüente nas leis, derrogação; Livro I - das Pessoas; Livro II - Dos Bens e dos seus domínios - posse, uso e gozo; Livro III - Da Sucessão *causa mortis* e das doações entre vivos; Livro IV - Das Obrigações em geral e dos contratos.

Há na concepção de Bello uma influência das "Institutas". Isto se deve a sua formação de romanista, pois entre suas obras consta uma Instituição de Direito romano. Nesse particular, era profundamente ligado ao pensamento de Heinneccius. Isto implica a adoção, de sua parte, de uma doutrina romanística pura, no sentido que Heinecius não incorporava os elementos do *"usus modernos pandectarum"*[267].

Embora ele tenha seguido o esquema das "Institutas" no plano externo, internamente foram variadas as suas influências. Aponta-se, por exemplo, no Título Preliminar, uma inspiração do Código de Lusiana. Por sua vez, no Livro relativo às pessoas não se percebe a ascendência de nenhuma concepção preponderante sobre Bello. De sorte que, a partir de uma premissa eclética, na medida em que toma elementos das diversas fontes a sua disposição, logra realizar uma criação autônoma nessa parte[268]. Já o mesmo não sucederia com o livro sobre Coisas, em que perpassa uma nítida influência das Institutas. Nesse sentido, cumpre destacar a adoção da

---

[266] Ver a respeito, Attilio Guarnieri, Il codigo civil chileno e suoi modelli: alcune osservazioni, *in* Andrés Bello y el Derecho latinoamericano, Caracas, 1987, pg. 383.

[267] Ver a respeito, Klaus Luig, Gli Elementa Civilis di J. G. Heineccius come modelo per la Institutiones de Derecho Romano di Andrés Bello, *in* Andrés Bello y el Derecho latinoamericano, Caraccas, 1987, op. cit., pg. 268.

[268] Cf. A. Guzman Brito, La Sistemática del Código civil de Andrés Bello, *in* Andrés Bello y el Derecho latinoamericano, op. cit., pg. 329.

distinção entre coisas corpóreas e incorpóreas[269], que não se encontra no Código Civil brasileiro. Quanto ao livro de Direito das Obrigações, este contém uma influência do Código francês, tanto no que se refere à parte de obrigações, quanto às próprias fontes[270]. Foi marcante a difusão do Código Civil chileno. Ele foi adotado tanto pela Colômbia, quanto pelo Equador, na América Latina. Mesmo na América Central, países como El Salvador, em 1858, Honduras, em 1870, e Nicarágua, em 1870, acolheram o Código chileno sem maiores alterações. E não poderia ser diferente, na medida em que o Chile realizava sua codificação antes que países como Portugal e Espanha o fizessem. Por conseguinte, o seu código só poderia servir como um modelo para as nações que se liberavam da colonização espanhola[271].

É certo que o Código Civil chileno se insere dentro de uma linhagem comum das codificações oitocentistas, como demonstra a sua filosofia liberal. Afinal, estas eram características que se difundiam por todos os países e das quais era impossível não compartilhar[272]. Entretanto, isto não significa dizer que o Código chileno não mereça um lugar à parte entre essas mesmas codificações. Andrés Bello, na condição de codificador, teve êxito na tarefa de reunir os elementos que o influenciavam a fim de compor uma obra com critérios próprios. A maior prova disto está, justamente, no fato de vários países da América do Sul terem preferido adotá-lo em vez de seguirem o Código Civil francês. E a razão para essa atitude só pode residir em que as soluções do Código

---

[269] Cf. A. Guzman Brito, La Sistemática del Código civil de Andrés Bello, *in* Andrés Bello y el Derecho latinoamericano, *op. cit.*, pg. 330.

[270] Cf. A. Guzman Brito, La Sistemática del Código civil, Andrés Bello y el Derecho latinoamericano, op. cit., pg. 331.

[271] Cf. Bernardino Bravo Lira, Difusion del Codigo civil de Bello en los paises de derecho castellano y portugues, *in* Andrés Bello y el Derecho Latinoamericano, op. cit., pg. 361.

[272] Cf. Carlos Guisalberti, Il Codice civile di Andrés Bello, codice latinoamericano, *in* Andrés Bello y el derecho latinoamericano, op. cit., pg. 315.

DA CODIFICAÇÃO
CRÔNICA DE UM CONCEITO

chileno eram mais representativas das necessidades ibero-americanas do que o "Code Civil". Necessidades que Andrés Bello soube muito bem captar.

Segunda Parte

A DESCODIFICAÇÃO

Capítulo VI

Início da crise dos códigos

A promulgação do código alemão na Europa e do brasileiro na América representou uma etapa de coroamento para o conceito de codificação. Nos principais países dos dois continentes, com a notória exceção da *Common Law*, a codificação fora implementada e dera frutos.

No mesmo período, mais precisamente em 1904, o Código Civil francês celebrava o seu centenário[273]. Vivia-se, portanto, num período de equilíbrio, de estabilidade, uma "era de certeza", que era propícia à preservação da figura do código como forma por excelência de legislação. Em conseqüência, será ele ainda adotado em outros países europeus, como por exemplo a Suíça. Era, por fim, dominante a idéia de o código - e por extensão o Direito privado - constituir-se em um sistema fechado[274], englobando a totalidade dos conceitos e regras do ordenamento jurídico.

Esse quadro, porém, não poderia permanecer estático por longo tempo. A eclosão da 1ª Guerra Mundial destruiu essa ordem de aparente normalidade. Colocou

---

[273] Cf. Code Civil, Livre du Centennaire, tomos I e II, op. cit.

[274] A distinção entre sistema fechado e aberto é hoje clássica na doutrina. Esser, em sua obra, "Principio y norma en la elaboración jurisprudencial del derecho privado", pg. 57, nota 140, a atribui a Fritz Schulz, que efetivamente designa o Direito Romano, em sua fase helenística, como um sistema aberto, em que havia "uma preocupação constante dos pretores e jurisconsultos em evitar a petrificação do Direito. Cf. History of Roman Legal Science, op. cit., pg. 67-69.

também um ponto final no século XIX e pôs em xeque as convicções liberais até então vigentes. Com efeito, o cenário depois de 1918 era completamente diverso. Em especial, o quadro de estabilidade que permitiu a ascensão e difusão das codificações se havia desfeito. Vivenciava-se um novo momento. Era o início da "época da incerteza", que ainda persiste. Trata-se de um período em que houve notáveis mudanças no plano econômico, especialmente no setor industrial. Privilegia-se a tecnologia, com a paulatina substituição do homem pela máquina[275]. A partir daí, estabelece-se uma nova mentalidade, caracterizada pelo predomínio do planejamento. Desenvolvem-se várias estratégias, todas com o intuito de superar as incertezas ditadas pela idéia de mercado. De modo que esse conceito, tão caro ao modelo liberal, passa a ter um peso menor nas decisões econômicas[276].

Dentre os inúmeros efeitos da 1ª Guerra no plano jurídico, um dos de maior impacto foi no setor habitacional. Isto gerou conseqüências imediatas quanto ao mercado de locações. Ao mesmo tempo intensificou-se o movimento operário, que ansiava por modificações na legislação relativa aos movimentos dos trabalhadores. Em conseqüência, ganham força os sindicatos. Todas essas aspirações não poderiam deixar de acarretar profundas mudanças no até então estável Direito privado[277].

De fato, mesmo com o advento de uma sociedade industrial, os códigos que celebravam o seu centenário, especialmente o francês e o austríaco, enfrentavam algumas críticas[278], mas ainda continuavam a representar um modelo jurídico a ser seguido[279]. Afinal, a índole indivi-

---

[275] Cf. John Galbraith, O novo Estado Industrial, pg. 1-19, Livraria Pioneira Editora, São Paulo, 1977.

[276] Cf. J. K. Galbraith, op. cit., pg. 29-30.

[277] Cf. Gianfrancesco Liberati, introdução à Franz Wieacker, Diritto Privato e Societá industriale, op. cit., og. LVIII.

[278] Cf. F. Larnaude, Le Code civil et la necéssité de sa revision, in Code civil, Livre du Centennaire, tomo II, pg. 901-931.

[279] Cf. Gianfrancesco Liberati, Introdução, op. cit., pg. XX.

dualista que marcava os três grandes códigos europeus, o francês, o austríaco e o alemão, ainda não fora definitivamente afetada.

É verdade que essa tendência sofrera fortes abalos em face dos diversos movimentos sociais que varreram a Europa na segunda metade do século XIX. Aliás, na Alemanha, antes mesmo do surgimento da B.G.B., Otto Von Gierke já advertia para as limitações do Direito privado de seu tempo, ao mesmo tempo que antecipava a necessidade da existência de um Direito social[280]. O mesmo não sucedeu no Direito francês, talvez em função da dura repressão à Comuna de Paris (1871). O certo é que o movimento socialista francês pouca repercussão teve no Direito privado. Enquanto no Direito alemão são vários os exemplos de juristas socialistas, na França, no final do século XIX, não se encontra a mesma diversidade[281].

Essa orientação difundiu-se na Alemanha, onde teve larga expressão a corrente do socialismo jurídico[282]. Além de Gierke, Anton Menger, professor de Viena, como já se referiu, realizava uma expressiva crítica ao primeiro projeto do Código Civil alemão, preocupando-se em demonstrar que os interesses do proletariado estavam sendo prejudicados[283].

No Direito italiano, por sua vez, a influência do movimento socialista é percebida de forma inconteste na obra de Enrico Cimbali, publicada em 1885[284]. Nela, Cimbali defende mudanças significativas no Direito italiano, especialmente quanto ao método - quer o abando-

---

[280] Cf. F. Wieacker, Diritto Privato e Societá Industriale, op. cit., pg. 20.

[281] Ver a respeito, Nicole e André-Jean Arnaud, Le Socialisme Juridique à la Belle époque; visages d'une aberration, in Quaderni Fiorentini, 3-4 (1974-75, tomo I, pg. 27-29.

[282] Ver a respeito, Thilo Ramm, Juristen Sozialismus in Deutschland, in Quaderni Fiorentini, 3-4, pg. 7-23.

[283] Cf. Anton Menger, op. cit., pg. 33-34.

[284] Cf. Adolfo di Majo, Enrico Cimbali e le idee del socialismo giuridico, in Quaderni Fiorentini, nº 3-4, tomo I, 1974-75, pg. 383-431.

DA CODIFICAÇÃO
CRÔNICA DE UM CONCEITO

no do modelo exegético - em relação aos elementos centrais do Direito Civil. Ele adverte, porém, para a necessidade de abandono do modelo individualista no Direito Civil, para a adoção de princípios socialistas, sob pena de as eventuais mudanças resultarem completamente inúteis[285]. Ao mesmo tempo, desenvolvia-se a nova disciplina do Direito do Trabalho. Era um sinal evidente da incapacidade do Direito privado de enfrentar os novos problemas decorrentes da sociedade industrial. É assim que entre 1902 e 1908 surge, na Alemanha, a obra de Philipp Lotmar sobre o contrato de trabalho, outorgando a essa nova disciplina amplo reconhecimento científico[286].

Acrescente-se a contribuição teórica de Karl Renner, primeiro presidente da República da Áustria, após a 2ª Guerra, com sua importante obra "As instituições do Direito Privado e suas Funções Sociais", que aparece em 1918 como outro expoente do movimento do socialismo jurídico ao questionar o caráter essencialmente liberal do Direito alemão nesse período[287].

Em suma, é certo que ainda antes da 1ª Grande Guerra os ordenamentos jurídicos europeus conheceram o aparecimento de uma legislação social. A mais famosa, aliás, foi precisamente a de Bismark. Esse fenômeno também ocorreu em outros países, como a Itália e a Inglaterra. O seu objetivo principal era o de assegurar uma melhor distribuição de renda e uma mais completa

---

[285] Cf. Enrico Cimbali, La nuova fase del diritto civile nei rapporti economici e sociali. *In* Opere Complete, vol. I, pg. 8-9, UTET, Torino, 1907- 4ª ed.

[286] Cf. H. Hattenhauer, op. cit., pg. 188.

[287] A obra de Karl Renner, muito embora com sensíveis alterações, opera a partir da concepção marxista de que a propriedade constitui o centro da estrutura legal da sociedade, sendo a principal fonte de vários institutos legais. Para Renner, torna-se fundamental verificar como ela se mantém nessa posição, mesmo com as diversas mudanças do capitalismo. Cf. O. Kahn Freund, introdução a Karl Renner, The Institutions of Private Law and their social functions, 1976, pg. 1-307.

assistência social aos menos favorecidos[288]. Mas esses fatores, repita-se, não foram suficientemente fortes para alterar a noção de totalidade dos códigos. Só o fim da 1ª Grande Guerra seria capaz de produzir esse efeito, fazendo com que, a partir de então, o Estado interviesse na sociedade mediante dois instrumentos jurídicos: a Constituição e a Lei.

---

[288] Cf. Pietro Barcellona, Diritto privato e processo economico, pg. 97, Jovene Editore, 1973, Napoli.

Capítulo VII

A Constituição como fator de influência no Direito Privado

Seção 1 - A ascensão do Direito Público

Durante largo tempo, associou-se o Direito privado como o próprio Direito. A clássica distinção romana, de Ulpiano, entre Direito privado e Direito público permaneceu durante longo tempo adormecida[289]. Essa circunstância decorre da larga influência do Direito privado romano no Ocidente, bem como de sua recepção por vários países. A sua fonte mais representativa, o *Corpus Iuris Civilis*, termo cunhado para contrapor-se ao Direito Canônico, constitui, desde o século XII, base para estudo de juristas europeus, o que, como se viu na primeira parte, contribui para estabelecer um Direito positivo em cada país europeu. Esse processo, longo e trabalhoso, constitui inclusive um grupo jurídico particular: a família jurídica romano-germânica, que possui características específicas[290].

---

[289] Por força das características do mundo medieval, altamente fracionado e estruturado em torno das figuras de vassalagem, de senhor feudal e de dominação fundiária, essa classificação não será empregada até o século XIX. Sobre a problemática histórica dessa distinção, cf. G. Chevrier, Remarques sur l'introduction et les vicissitudes de la distinction du "jus privatum" et du "jus publicum" dans les oeuvres des anciens juristes français, *in* Archives de Philosophie du Droit, vol. 1, 1952, pg. 5-77 e Umberto Cerroni, Sulla Storicità della distinzione tra diritto privato e diritto pubblico, *in* Rivista Internazionale di Filosofia del diritto, 1960, série III, pg. 355-367.

[290] Ver por todos, René David, Os Grandes Sistemas do Direito Comparado, pg. 19, 8ª ed., ed. Martins Fontes.

Diante desse quadro, identifica-se[291], como um fenômeno natural, que, durante todo o século XIX, a doutrina reservasse o termo Direito para designar o Direito privado e alguns de seus principais institutos[292]. Essa idéia perdurou mesmo em relação a autores críticos do Direito burguês, que centram suas reservas ao Direito privado, por considerar que como ponto fundamental da sociedade está a diversidade dos interesses privados[293]. Esse mesmo posicionamento é salientado igualmente por Kelsen, ao referir que em geral se concentram as relações jurídicas de Direito Privado "como relações de Direito no sentido próprio" e estrito da palavra, para lhes contrapor às relações de Direito Público como relações de poder ou de domínio[294].

Para a persistência dessa concepção durante oitocentos, acentua-se a importância da noção liberal de Estado, que nesse período vigorava. Predominava a idéia de um Estado mínimo, separado da sociedade. Bastaria "deixar fazer, deixar passar" para que se realizasse a distribuição e o consumo de bens. Essa visão do mundo, porém, se dissipa no século XX. O Estado é chamado a atuar na sociedade a fim de transformá-la. O Estado será, portanto, o gerente dessa reforma[295].

Surge, então, uma forte tendência no sentido de as funções do Estado ampliarem-se a fim de facilitar o progresso econômico[296]. Desenvolve-se, portanto, uma forte

---

[291] Para o que se segue, cf. Norberto Bobbio, A Grande Dicotomia: público/privado, in Estado, Governo, Sociedade, para uma teoria geral da política, pg. 26-30, ed. Paz e Terra, 2ª ed.

[292] Cf. G. W. F. Hegel, Princípios da Filosofia do Direito, pg. 55-92, 1990, Lisboa.

[293] Cf. E. B. Pasukanis, La Teoria Generale del diritto e il marxismo, in Teorie Sovietiche del Diritto, Giuffrè, Milano, pg. 75-237.

[294] Ver Hans Kelsen, Teoria Pura do Direito, pg. 379, 5ª ed. Coimbra, 1979.

[295] Ver a respeito, François Châtelet e Évelyne Pisier-Kouchier, As Concepções Políticas do Século XX, pg. 79 79-173, ed. Zahar, 1981.

[296] Além de gerenciar ou regular a atividade econômica, o Estado passa também a prover diretamente certas necessidades, a atuar como empreendedor na economia e - "last but not least" - age como árbitro, o que acarreta

influência do Direito Público sobre o que até então era considerado como área exclusiva de atuação do Direito Privado. Em decorrência, o conceito de Direito Privado como regulação da atividade dos privados se esvai na medida em que o Direito Público passa, paulatinamente, a intervir nas relações econômicas[297]. Esse fenômeno cresce de ponto a partir do final da *belle époque*, quando o modelo liberal apresenta sinais de claro esgotamento.

Seção 2 - As áreas de maior influência da Constituição no Direito Privado

Nessas condições, pela primeira vez a constituição preocupa-se em dispor de normas sobre o Direito privado[298]. Ela, que originariamente tinha por objetivo a limitação do poder político, passa agora a regular a atividade dos indivíduos. A sua preocupação deixa, portanto, de ser única e exclusivamente, a de estabelecer o Estado de Direito e restringir a figura do Estado absoluto. Passa a prevalecer, inclusive, o conceito da Constituição como fonte do Direito[299].

A Constituição de Weimar rompe com essa situação na medida em que passa a conter normas sobre o Direito Privado. Deixam, assim, as constituições de estabelecer

---

especial dificuldade na medida em que ele agora está "pessoalmente envolvido no cenário econômico". Cf. W. Friedmann, The State and the Rule of Law *in* a mixed economy, pg. 1-102, London, Steven & Sons, 1971.

[297] Cf. Michelle Giorgiani, Il Diritto Privato e i suoi attuali confini, *in* Rivista trimestriale di diritto e procedura civile, 1961, pg. 391-420.

[298] Cf. Francesco Galgano, Il Diritto Privato fra Codice e Constituzione, pg. 58 e segs., 1979, ed. Zanichelle, Bolonha.

[299] Não cabe, aqui, evidentemente, esgotar o problema da "drittewirkung", isto é, a teoria da eficácia absoluta dos direitos fundamentais, segundo o qual estes valeriam não só contra o Estado, mas igualmente contra terceiros. Para essa evolução, cf. Dieter Grim, La Constitución como fuente del derecho, *in* Las Fuentes del Derecho, pg. 13-15, ed. Universidade de Barcelona, 1983.

apenas normas sobre o Direito Público, pois elas se transformam seja em centro de direção para legislação ordinária como em lei fundamental do Direito Privado. Ela é, realmente, emblemática do movimento de crescente intervenção dos poderes públicos na regulação da economia. Trata-se de um fenômeno tão relevante, que a ele se atribui o título de publicização do privado[300]. Há, em suma, uma crescente interação da esfera pública com o setor privado, que origina, no Direito Privado, uma profunda modificação em relação ao estágio conhecido no século XIX[301]. Estabelece-se, entre essas duas áreas, uma tensão dialética praticamente irresolvida no mundo moderno[302].

Pode-se, portanto, identificar uma influência constitucional nos setores chave do Direito Privado: a Propriedade; o Direito de Família e o Direito das Obrigações.

§ 1º - *Propriedade*
Na Constituição de Weimar encontravam-se disciplinados vários institutos que até então não eram tratados em nível constitucional. Dentre eles, merece especial destaque, por sua importância no Direito Privado, o da propriedade. Este sofre profunda modificação na medida em que a Constituição de Weimar institui, em seu Artigo 153, o conhecido princípio a propriedade obriga (*Eigentum verpflichet*). Esse conceito não foi de fácil defi-

---

[300] Ver Norberto Bobbio, A grande dicotomia: público/privado, op. cit., pg. 26.

[301] Cf. Jürgen Habernas, Mudança estrutural da Esfera Pública, pg. 177, ed. Tempo Brasileiro, 1984.

[302] De tal forma que se defende o abandono da distinção em favor de um Direito comum. (Cf. Martin Bullinger, Derecho Público y Privado, pg. 120-171, 1976, Madri) Mas essa tese não obtém sustentação na medida em que hoje se percebe uma constante privatização do público, com a adoção de formas privadas pelos mecanismos de atuação do Estado ou mesmo com a idéia de sua dominuição. Sobre os rumos do direito privado, cf. Ludwig Raiser, Il futuro del diritto privato, *in* Il Compito del Diritto Privato, op. cit., pg. 228-238.

nição na medida em que, na época, vigora uma separação intensa entre o Direito Constituicional e o Direito Civil. Ademais, este era vislumbrado como sendo neutro ideologicamente[303].

Na doutrina alemã, esse princípio é interpretado, de um lado, no sentido de que a propriedade há de ser resguardada diante da expropriação, seja esta se decorre de atos administrativos, como de leis, sendo que essa proteção alcança inclusive os direitos patrimoniais privados[304]. De outra parte, se entende que a propriedade gera uma dupla obrigação para o seu titular no sentido de que até deve exercer o Direito, se houver um interesse público nesse sentido, bem como fazê-lo de um modo que vá ao encontro do interesse público[305].

Abre-se, a partir daí, igualmente a possibilidade para a descoberta de vários tipos de propriedade, de modo que se ultrapassa a identificação até então existente entre propriedade e coisa do mundo físico[306]. Com efeito, historicamente sempre se dera prioridade, no sistema codificatório a essa concepção de propriedade, bem como especial atenção aos bens imóveis. Descobre-se, porém, a necessidade de uma mudança de rumo a fim de favorecer um regramento diverso dos bens segundo a finalidade a que eles se destinam[307].

Surge, em conseqüência, o perfil subjetivo, de um lado, em que se destacam aspectos como a propriedade coletiva e a distinção entre propriedade pública e priva-

---

[303] Ver, por todos, o clássico estudo de Martin Wolff, Reichsverfassung and Eigentum, in Festgabe für Wilhelm Kahl, pg. 8-23, Scientia Verlag, 1981.

[304] Cf. Hans Hattenhauer, op. cit., pg. 312-313.

[305] Cf. Clóvis do Couto e Silva, o Direito Civil brasileiro em perspectiva histórica e visão do futuro, op. cit., pg. 140.

[306] Essa orientação se encontra de forma mais nítica nos sistemas da *Common Law*, que não está tão ligado à herança do Direito Romano. No Direito inglês, inclui-se no conceito todas as espécies de direitos, mesmo que sejam intangíveis, como, por exemplo, as patentes. Nesse sentido, cf. W. Friedmann, Law *in* a changing society, pg. 66-71, 1959, Berkeley.

[307] Cf. Pietro Rescigno, Disciplina dei Beni e situazioni della persona, *in* Quaderni Fiorentini, op. cit., vol. 5-6, tomo II, pg. 863.

da. E, de outro, o objetivo, em que se aponta a importância dos bens materiais na organização dos bens. Por fim, pode-se fazer referência à passagem de uma idéia estática a uma visão dinâmica da propriedade na medida em que se arquiva a concepção de a propriedade supor a mera disposição do bem para uma visão do instituto como organização de atividades[308]. Esta noção se cristaliza na fórmula da função social que foi incluída nos textos constitucionais. Devido ao imobilismo dos códigos, a concepção social de propriedade é adotada pelo legislador constitucional em diversos países[309]. Com efeito, não se pense que apenas a Constituição de Weimar tratou dos institutos de Direito privado. Essa sistemática espraiou-se por outros países, como a Itália, com a Constituição de 1942, intensificou-se na Alemanha, com a Constituição de 1949, e alcançou também o Direito francês a partir de 1958[310].

No Direito brasileiro, isto se deu a partir da Constituição de 1934, fortemente influenciada pela Constituição de Weimar, no Artigo 113, nº 17. Essa orientação prosseguiu na Constituição de 1946, que permitiu a desapropriação não só por necessidade ou utilidade pública, mas igualmente por interesse social. A Constituição de 1967 manteve essa linha, em seu Artigo 157, III, § 1º. Mais recentemente, a Constituição de 1988 também acolheu, no Artigo 5º, XXIII, essa regra.

Contudo, muito embora o surgimento de lei posterior (Lei nº 4.132/64) tenha dado eficácia ao dispositivo que permite a desapropriação por interesse social, é sa-

---

[308] Ver, por todos, S. Pugliati, La Proprietà e le proprietà, in La proprietà nel nuovo diritto, pg. 146-309, Milano Giuffrè, 1954.

[309] É assim, por exemplo, na Constituição italiana de 1942, no seu Artigo 42: "La Proprietà è riconosciuta e garantita della legge, che ne determina i modi de acquisto, di godimento e i limiti allo scopo di assicurarne la funzione sociale (c.c. 833) e di renderla accessibile a tutti".

[310] Para o Direito francês, por todos, François Luchaire, Les Fondaments Constitutionnels du droit civil, in Revue Trimestrielle de droit civil, vol. 80, 1982, pg. 245-328.

DA CODIFICAÇÃO
CRÔNICA DE UM CONCEITO

121

bido que diversas injunções contribuem para a completa imobilidade desse setor. Essa circunstância, sem dúvida, explica o esforço do constituinte de 1988 em reduzir expressamente os prazos do usucapião, o que ocorre tanto para os imóveis urbanos (Art. 183) quanto para os imóveis rurais (Art. 191), quando, respectivamente, servirem para moradia ou verificar-se a produtividade.

§ 2º) *Direito de família*

Outros institutos também sofreram modificações em função da influência dos textos constitucionais. O Direito de Família, por exemplo, sofreu profundas transformações. No Direito brasileiro é suficiente dizer que foi necessário o advento da Emenda Constitucional nº 9, de 21/06/77, para que fosse possível a admissão do divórcio. Havia, portanto, uma vedação constitucional a esse respeito.

O Código Civil brasileiro primou por um extremo conservadorismo no regramento do Direito de Família. É certo que isto se explica pelas concepções vigorantes na época de sua promulgação. O código ainda refletia a mentalidade do século XIX. Já se referiu, porém, que o projeto de Beviláqua tornou-se mais conservador pela atuação de membros do Congresso, como Andrade Figueiras. Entre as disposições do Código Civil, figurava inclusive o da incapacidade relativa da mulher casada, que persistiu até a Lei 4.121, de 1962.

A Constituição de 1988, porém, revolucionou profundamente o Direito de Família. Essa circunstância decorreu da extrema relutância do legislador ordinário em efetuar as reformas de que esse setor necessitava[311]. Tamanho foi o imobilismo, portanto, que a reforma pelo

---

[311] Em outros países, no entanto, já haviam sido feitas reformas significativas do Direito de Família, como é o caso da Itália, em 1975, e de Portugal, em 1977. Para uma ampla visão comparativa do Direito de Família, no Direito brasileiro, vez, por todos, José Lamartine Corrêa de Oliveira e Francisco José Ferreira Muniz, Direito de Família, pg. 1-504, Sérgio Antônio Fabris, ed., 1990.

122 FÁBIO SIEBENEICHLER DE ANDRADE

constituinte só poderia ser - como de fato o foi - profunda. Em primeiro lugar, estabeleceu-se em definitivo a igualdade entre os cônjuges (Art. 226, § 5º), o que provoca imediatos efeitos no aspecto da administração da família. Por outro lado, a Constituição dissipou, taxativamente, qualquer distinção entre os filhos, havidos ou não da relação do casamento (Art. 227, § 6º). No mesmo sentido aplicou essa regra aos adotivos, que sofriam no aspecto sucessório. Ela também ampliou a possibilidade de divórcio, que havia sido introduzida de forma muito mitigada. Admitia-se somente a possibilidade de divórcio uma vez. Essa restrição foi ultrapassada pelo Artigo 226, § 6º. Por fim, causou uma revolução na medida em que trouxe definitivamente para o âmbito do Direito de Família o problema do concubinato. Até então, esse problema, tão freqüente, ainda era resolvido no Direito brasileiro mediante a utilização de uma figura do Direito das Obrigações: a sociedade de fato. Aliás, essas questões nem sequer podiam ser apresentadas nas varas de família e sucessões. Deviam ser endereçadas às varas cíveis. Pois bem: o Artigo 226, § 3º da Constituição reconheceu, para efeito da proteção do Estado, a união estável entre o homem e a mulher como entidade familiar, estabelecendo profundas e novas alterações no Direito de Família[312].

§ 3º) Direito das Obrigações
Poder-se-ia pensar que o Direito das Obrigações, por ser o ramo do Direito em que prepondera a autonomia privada, não sofreria a influência da constituição. Contudo, assim não sucedeu[313]. Vários fatores contribuí-

---

[312] Cf. a esse respeito, Carlos Alberto Bittar, O Direito de Família e a Constituição de 1988, pg. 1-263, ed. Saraiva, 1989, São Paulo.
[313] Ver Ludwig Raiser, La Constituzione e il diritto privato, *in* Il Compito del diritto privatto, op. cit., 189-190.

ram para a crescente intromissão da constituição no setor obrigacional. Entre eles, pode-se apontar, inicialmente, o desequilíbrio existente entre os participantes do vínculo obrigacional. Um outro, igualmente relevante, foi o intercâmbio que se estabeleceu entre a Economia e o Direito[314]. No século passado predominava uma visão individualista, em que o Estado tinha pouca ou mínima atuação. Era então ampla a margem dada por ele aos particulares para gerir os problemas econômicos[315].

Com a mudança de visão que se procedeu, automaticamente passou o Estado não só a delimitar o campo de atuação das forças econômicas, como também a desempenhar um papel de empreendedor. O Estado retira, da esfera de competência do código essa atribuição, que se desloca para a Constituição. Pouco a pouco, desenvolve-se um novo conceito: o de Constituição econômica[316]. Mais ainda, em virtude desses elementos, surge um novo ramo do Direito a pretender sua autonomia científica: o Direito econômico[317], isto é, o ramo do Direito que disciplina as regras jurídicas da vida econômica. Estabelece-se, portanto, uma restrição ao princípio clássico da autonomia da vontade que altera a forma clássica de perceber os institutos do Direito das Obrigações[318].

---

[314] Sobre esse ponto, ver Richard Posner, Economic Analisis of Law, pg. 1-15, 2ª ed., Little Brown & Company, 1977, Boston. No Direito brasileiro, cf. Clóvis do Couto e Silva, A Ordem Jurídica e a Economia, *in* Revista do Serviço Público, 1988, vol. 2, pg. 91-101.

[315] Ver Marcel Waline, L'Individualisme et le droit, pg. 19-27, 1945, Paris.

[316] Ver a respeito, Vital Moreira, Economia e Constituição, pg. 19-74, 1979, Coimbra e Ludwig Raiser, La Costituzione economica come problema giuridico, *in* Il Compito del Diritto privatto, op. cit., 33-47.

[317] Cf. Magali Sobhy Khalil, Le dirigisme économique et les contrats, pg. 381-387, 1967, Paris, LGDJ.

[318] Entre os inúmeros exemplos desse fenômeno, um dos que merece maior destaque é o do regime jurídico dos contratos. Especialmente, a questão dos contratos cogentes. Cuida-se de contratos em que não se permite aos contraentes o exercício de qualquer autonomia. No Direito brasileiro, aliás, foi muito rica a experiência nesse sentido. Cf. Clóvis do Couto e Silva, A Natureza jurídica dos contratos cogentes e dos incentivos fiscais, *in* Separata de Jurídica, pg. 6-11, 1972.

Uma vez mais a Constituição de Weimar foi pioneira no sentido de conter uma seção especial relativa à economia[319]. O Direito brasileiro não poderia deixar de sofrer sua influência. Enquanto as Constituições de 1824, do Império, e a de 1891, a primeira da República, reproduzindo o clima geral da época, não continham um regramento sobre esse tema, a Constituição de 16 de julho de 1934 já continha um capítulo especial dedicado à "Ordem Econômica e Social". Em suas linhas gerais, seguia o Artigo 151 da Constituição de Weimar, estabelecendo no seu Artigo 115 que a "ordem econômica deve ser organizada respeitando os princípios da justiça e as necessidades da vida nacional, com dignidade". Esses preceitos foram conservados nas Constituições subseqüentes de 1946 (Artigos 145 e seguintes) e na Emenda Constitucional nº 1 de 1969 (Artigo 160)[320].

A recente Constituição Brasileira de 1988, por sua vez, não destoou das anteriores. Estabeleceu, nos Artigos 170 a 192, quatro capítulos; um sobre os princípios da atividade econômica; outro sobre a política urbana; um terceiro sobre a política agrícola e fundiária e sobre a reforma agrária; e o último sobre o sistema financeiro nacional.

Especificamente no capítulo sobre os princípios da atividade econômica, são várias as influências sobre o Direito privado. Dispõe a Constituição de 1988, por exemplo, sobre a necessidade de defesa do consumidor (Artigo 170, V), idéia matriz da Lei de Defesa do Consumidor. Dispôs, igualmente, sobre um tratamento diferenciado para as empresas brasileiras de capital nacional (Artigo 171, § 1º)dispositivo posteriormente revogado pela Emenda COnstitucional nº 6, de 15.8.95, sobre os

---

[319] É verdade, porém, que outras constituições, anteriormente, já possuíam artigos reguladores de certos aspectos econômicos. Foi o caso da Lei fundamental soviética de 1918 e da Constituição mexicana de 1917. Ver o comentário a respeito em Vital Moreira, op. cit., pg. 78, nota. 1.

[320] Cf. por todos, Alberto Venâncio Filho, A Intervenção do Estado no Domínio Econômico, Fundação Getúlio Vargas, 1968, pg. 36-61.

setores em que predomina o monopólio da União (Artigo 177 e incisos), bem como sobre as funções a serem desempenhadas pelo Estado como agente normativo e regulador da atividade econômica: fiscalização, incentivo e planejamento.

Nos capítulos sobre a política urbana e agrícola, uma influência, já salientada, consiste na diminuição dos prazos para o usucapião, no Artigo 183 para os imóveis de área urbana, e no 191 para os imóveis de área rural. Quanto ao capítulo do sistema financeiro, o exemplo mais ilustrativo talvez seja o famoso § 3º do Artigo 192 em que se procurou limitar as taxas de juros reais a 12% anuais.

Mas não se pense que apenas nesse capítulo é que se encontram dispositivos relativos às matérias do Direito das Obrigações. A Constituição de 1988 tratou, também, da responsabilidade civil. Inicialmente, não só manteve o regime da responsabilidade civil objetiva para as pessoas jurídicas de Direito Público, como também tornou expresso o que antes estava implícito: fez menção, no § 6º do Artigo 37, às prestadoras de Direito Público e de Direito Privado. Além disso, incluiu, no capítulo dos direitos individuais, o direito à reparação pelo dano moral. Contribuiu, assim, para encerrar longa polêmica do Direito brasileiro.

Verifica-se, portanto, uma profunda intromissão da Constituição em setores anteriormente regidos pelo Código Civil. De modo que tudo levaria a crer que a Constituição, e por via de conseqüência o Direito público, passaram a ter total predominância. Tal situação tiraria o Código Civil de seu papel até então predominante. Entretanto, mesmo numa área aparentemente tão favorável a essa tendência, aponta-se uma decadência da importância constitucional[321].

---

[321] Cf. Karl Loewenstein, Teoría de la Constitución, pg. 223-225, 1971, ed. Ariel, Barcelona.

De um lado, são inúmeras as situações, em vários países, em que a aplicabilidade efetiva de certos preceitos constitucionais, mais precisamente as normas de eficácia limitada, fica dependente da lei ou de outra providência regulamentadora. São hipóteses em que ora se determina a votação de uma Lei ou mesmo a constituição de um novo órgão público. Aliás, justamente em função dessa crônica dificuldade de realizar concretamente direitos ou prerrogativas nos dispositivos constitucionais, é que se explica o surgimento, no Direito brasileiro, da figura do mandado de injunção. De outro, a extrema complexidade que assume, atualmente, o Direito constitucional faz com que ele se afaste da realidade cotidiana do particular. Com a notória exceção americana, a maioria dos países já conheceu inúmeras constituições. Da mesma forma, é unânime a noção de que a constituição, por si só, não tem o condão de resolver os principais problemas econômicos, tais como o desemprego, educação, distribuição de rendas[322]. A engrenagem constitucional encontrar-se-ia, portanto, muito distante do cotidiano do homem comum[323].

Por conseguinte, apesar de todo o aparente poderio da norma constitucional, esta não é capaz, por seus próprios meios, de substituir o primado do Código Civil. Por que isto acontece? A razão está no fato de a realização de uma constituição democrática exigir o consenso. É próprio do processo constituinte que as diversas forças políticas - especialmente quando não possuem uma ampla maioria -, tenham forçosamente de achar pontos comuns entre si. Ao tratar, especificamente, as matérias de Direito privado, é muito freqüente que os grupos

---

[322] A respeito da influência da Constituição, ver Konrad Hesse, a Força Normativa da Constituição, pg. 9-34, Sérgio Antônio Fabris, ed., 1991.
[323] Nesse sentido, Karl Loewenstein, op. cit., pg. 231.

políticos, incapacitados de sobrepujar o seu oponente[324], estabeleçam um compromisso no sentido de deixar para a legislação ordinária a resolução definitiva do problema[325].

De modo que, se é certo que a constituição alcançou uma primazia, esta se deu ao nível dos princípios. A constituição em si não elimina a função, nem a razão de ser dos códigos. Estes, por excelência, são muito mais estáveis que as constituições. Além disso, ao contrário dos princípios constitucionais, o Código constitui um sistema, apto, portanto, a contribuir para a ordenação do sistema jurídico[326]. Na realidade, será a difusão extraordinária das leis, a ponto de congregarem-se em sistemas menores, a representar uma ameaça efetiva à idéia oitocentista de código.

---

[324] Nesse particular, é fundamental resgatar o clássico conceito de amigo e inimigo de Carl Schimitt, exposto em seu ensaio "Il Concetto di Politico, *in* Le Categorie del Politico, op. cit., pg. 108-129, ed. Il Mulino, 1972.

[325] A esse respeito, é muito ilustrativo o exemplo da Constituição espanhola de 1978. Após o longo período franquista, temia-se pela repetição dos graves conflitos da constituinte de 1931, que praticamente levaram a Espanha à guerra civil. A fim de evitar, porém, as mesmas disputas sobre temas como o divórcio, a propriedade dos bens da Igreja, o legislador constitucional preferiu estabelecer fórmulas gerais para satisfazer os interesses de todos os grupos políticos. Ver a respeito, Richard Gunther e Roger A. Blough, O conflito religioso e o consenso na Espanha: um relato de duas constituições, *in* A transição que deu certo: o exemplo da democracia espanhola, pg. 271-298, 1989, São Paulo, ed. Trajetória Cutlural. No Direito brasileiro, por exemplo, sucedeu o mesmo com o divórcio, pois a Emenda Constitucional nº 9, de 21/06/1977, à Constituição de 1969, modificou apenas o texto constitucional, deixando a arena aberta para que os contendores pró e contra o divórcio disputassem no plano da lei ordinária.

[326] Cf. Francesco Busnelli, Il diritto civile tra codice e legislazione speciale, pg. 30-31, 1984, Guida edit., Nápoles.

Capítulo VIII

O desenvolvimento dos microssistemas como expressão do particularismo jurídico

Seção 1 - A concepção clássica:
a lei como expressão da vontade geral

A noção de lei já era conhecida na Antigüidade[327]. No entanto, para os romanos existia, de um lado, a concepção de que as leis poderiam ser os vínculos estabelecidos pelos particulares para regular os seus próprios interesses. Estas eram as *leges privatas*. De outro, havia as *leges publicas*, que eram apresentadas pelo magistrado e deviam ser aprovadas pelos comícios[328]. Mas estas últimas tinham apenas por objetivo a regulação de situações específicas[329]. O caráter de generalidade - a que normalmente se associa a noção de legalidade - deriva do ideal grego de isonomia[330], a igualdade de todos pe-

---

[327] Em geral, refere-se que o termo "lex" deriva do verbo "ligare", daí surgindo o sentido de ligar, atar, que é referido por São Tomás de Aquino na Suma Teológica, Questão XC, Art. 1, 3: "A lei é uma regra e medida pelos atos pela qual somos levados à ação ou dela impedidos. Pois a lei vem de ligar, porque obriga a agir". I-II, 9-90, a.1) No entanto, apontam-se outras acepções como a dos verbos "legere" (ler, eleger); "eligere" (eleger, escolher), "legare" (dar um mandato), havendo mesmo quem vincule a expressão "lex" ao sânscrito ou ao grego. Cf. Sebastião Cruz, Direito romano, pg. 200-201, 1969, Coimbra, ed. Almedina.

[328] Ver Aulo Gélio, Noites Áticas, 10, 20, 2.

[329] Cf. Fritz Schulz, Principles of Roman Law, pg. 8-12, op. cit.

[330] Para uma visão da importância do conceito de isonomia entre os gregos, cf. J. W. Jones, Law and Legal Theory of the Greeks, Oxford at the Clarendon Press, pg. 84-87.

rante a lei[331], visão que não se encontrava entre os romanos até estes assimilarem os ideais filosóficos gregos.

Na Idade Média, esse conceito se equilibra na conhecida tensão entre razão e vontade que permeia todo o pensamento político medieval[332]. Revela-se uma tarefa árdua identificar, com precisão, os dois conceitos nas doutrinas dos pensadores desse período. Exemplo dessa oscilação é, de um lado, a teoria de Hobbes, por ser extremamente voluntarista na medida em que estabelece o conhecido preceito *autorictas non veritas facit legem* - não é a razão, mas a autoridade quem faz a lei[333]. De outro, contrapõe-se a noção que pretende ver na lei a idéia geral e racional na medida em que a burguesia procura conquistar sua liberdade e estabelecer um Estado de Direito[334]. Emblemática dessa outra orientação é a doutrina de Rousseau, que identifica no conceito de lei a idéia de generalidade tanto em relação ao seu objeto[335] quanto a sua origem[336].

[331] Reveladora dessa noção é a seguinte passagem das Suplicantes, de Eurípedes; "Nada é mais inimigo da cidade que um tirano, quando, em lugar de existirem leis gerais, um só homem tem o poder, sendo ele mesmo e para si próprio o autor das leis e não existindo, assim, nenhuma igualdade, *in* Norberto Bobbio, Legalidade, Dicionário de Política, vol. 2, pg. 674, 4ª ed., ed. UNB.

[332] Ver sobre o problema Ratio vs. Voluntas, por todos, Hans Welzel, Diritto naturale e giustizia materiale, pg. 171-184, 1965.

[333] Cf. Leviathan, op. cit., cap. 26.

[334] Sobre essa trajetória, cf. Carl Schmitt, Teoría de La Constitución, pg. 162-164, 1956, Madrid.

[335] "Quand je dis que l'objet des loix est toujours général, j'entends que la loi considère les sujets en corps et les actions comme abstraites, jamais un homme comme individu ni une action particulière. Ainsi la loi peut bien statuer qu'il y aura des priviléges, mais elle n'en peut donner nommément à personne; la loi peut faire plusieurs classes de citoyens, assigner même les qualités qui donneront droit à ces classes, mais elle ne peut nommer tels et tels pour y être admis; elle peut établir un governement royal et une succession héréditaire, mais elle ne peut élire un roi, ni nommer une famille royale; en un mot, toute fonction qui se rapport à un objet individuel n'appartient point à la puissance legislative". Jean Jacques Rousseau, Du Contract Social, Livro Segundo, Cap. VI.

[336] Sur cette idée on voit à l'instant qu'il ne faut plus demander à qui il appartient de faire des loix, puisqu'elles sont des actes de la volontè générale; ni si le Prince est au desses des loix, puisqu'il est membre de l'État; ni si la

Vitoriosa essa concepção, o Estado legislativo se apresenta, classicamente como "um sistema estatal dominado de normas, de conteúdo mensurável e determinável, impessoal e por isto geral, preestabelecidas e por isto pensadas para durar". Sua característica essencial é que nele são "as leis que governam"[337]. Mais lentamente, por força das profundas alterações econômicas às quais já se aludiu, verifica-se uma alteração no conceito clássico de lei. Cogita-se, inclusive, acerca da crise desse conceito. O ordenamento conhece, agora, novos fenômenos, como o da Lei Medida e o da Lei-especial. A lei, antes exclusivamente geral, passa a ter um componente particularista.

Seção 2 - A concepção particularista da Lei

As características da visão clássica, portanto, não se mantêm. Por força da freqüente intervenção do Estado em assuntos dos mais diversos, especialmente de planejamento econômico, justapõe-se ao conceito clássico de lei uma outra noção[338], nitidamente particularista, em que a preocupação central é a de exprimir uma série de vontades individuais, normalmente configuradas em um grupo ou em uma corporação. Não é à toa que se torna cada vez mais difícil a obtenção da isonomia na atualidade, pois cada grupo social, cada corporação, defende arraigadamente seus privilégios. A lei torna-se resultado da ação dos diversos grupos de pressão. Esta

---

loi peut être injuste, puisque nul n'est injuste envers lui-même; ni comment on est libre et soumis aux loix, puisqu'elles ne sont que des registre de nos volontés. Cf. Jean Jacques Rosseau, op. cit.

[337] Cf. Carl Schmitt, Legalità e legittimità, *in* Le Categorie del Político, pg. 212, op. cit.

[338] Não cabe aqui fazer uma análise sobre a distinção entre Lei em sentido formal e material. Para um exame nesse sentido, cf. Dietrich Jesch, Ley y Administración, estudio de la evolución del principio de legalidad, pg. 13-30, Madrid, 1978.

é, em essência, a situação não só do Direito brasileiro como também dos países europeus. Essas mudanças são muito bem exemplificadas, aliás, pela figura da Lei-Medida ou Lei-Provimento (*Massnahmegesetz*) e pelo conceito de Lei especial.

§ 1º) As Leis-Medidas

Nesse caso, infringe-se o ensinamento clássico de que a lei deve regrar aspectos genéricos. Bem ao contrário, trata-se de um dispositivo que propõe soluções para problemas essencialmente concretos e específicos. Em face dos desequilíbrios a que deve fazer frente o Estado, arma-se o legislador de meios para tentar preveni-los ou mesmo eliminá-los. Essa figura alcançou larga utilização na atualidade. No Direito alemão, a partir da Constituição de Weimar, suscitou freqüentes debates[339]. O mesmo sucedeu no Direito brasileiro, especialmente a partir da década de 1970, em que foram freqüentes as hipóteses de leis contendo planos de urbanização[340].

§ 2º) As leis especiais

1. O conceito

A par desse desvio da visão tradicional de lei, é impossível ignorar a expansão legislativa. Trata-se de um fenômeno inquestionável, com que se defronta o ordenamento jurídico que ocorre em todos os países e em todos os setores do Direito. A esse fenômeno tem-se denominado de *overregulamentation* ou *verrechtlichung*[341]. Fala-se até na existência de um ordenamento poluído,

[339] Cf. Ernest Forsthoff, Le leggi-Provvedimento, *in* Stato di diritto *in* transformazione, pg. 101-128, 1973, Milano.

[340] Ver Almiro do Couto e Silva, A Responsabilidade do Estado no quadro dos problemas jurídicos decorrentes do planejamento, *in* Revista do serviço Público, 1982, pg. 9-11.

[341] Para uma análise dessa questão no direito societário, cf. Friedrich Kuebler, Tendências Modernas do Direito Societário, *in* Estudos de Direito brasileiro-alemão, pg. 18-21, 1985, Porto Alegre.

diante da maré legislativa que altera o equilíbrio do sistema normativo[342]. Todos esses fatores só poderiam afetar a codificação. Por força do imobilismo e impotência dos códigos, pouco a pouco foi se desenvolvendo um crescente número de leis ditas especiais. Essa denominação deriva do fato de atribuir-se às normas do código um caráter de generalidade. Procura-se distinguir as normas singulares, especiais e excepcionais. Por singulares se entendem as "normas que derrogam o Direito comum em virtude de situações individuais; especiais, as que alteram as normas gerais em razão de um complexo de situações, enquanto as excepcionais constituem exceções aos dispositivos do Direito comum[343]. Na verdade, o germe da idéia de um Direito especial já se encontra entre os romanos[344]. É o conceito de *ius singulare*. Distingue-se, porém, o *ius singulare* do *privilegium* que, no Direito pré-clássico, consistia na lei ou norma especial para determinada pessoa de modo que não resulta prejuízo para quem é objeto da mesma. Já no direito clássico, é a norma que atribui vantagem à determinada pessoa ou a várias pessoas que se encontram em certa posição, como por exemplo, o testamento militar[345].

2. *A expansão das leis especiais: os microssistemas*
O certo é que o *ius singulare* surge para regular uma situação muito específica. Trata-se de uma norma prati-

---

[342] Cf. Antônio Martino, La Progettazione legislativa nell'ordinamento inquinato, *in* Studi Parlamentari e di politica costituzionale, nº 38, 1977, pg. 1-14.

[343] Cf. Franco Modugno, Norme singolari, speciali, eccezionalli, *in* Enciclopedia del diritto, vol. XXVII, pg. 506, 1978, Giuffrè.

[344] Esta era a definição de Paulo: "Ius singulare est, quod contra tenorem rationis propter aliquam utilitatem auctoritate constituentium introductum est". O Direito singular é aquele que foi introduzido autoritariamente, por causa de alguma utilidade, contra a lógica (D, 1, 3, 16). Para uma análise mais aprofundada dessa definição, inclusive sobre sua autenticidade, ver Remo Martini, Le definizione dei Giuristi Romani, pg. 280-281, 1966, Milano.

[345] Cf. Max Kaser, Derecho Romano Privado, pg. 32, Madrid, 1968.

camente pessoal. Ocorre que, com o passar do tempo, o que era originariamente um aspecto restrito, limitado, amplia-se, requerendo cada vez maior regulamentação. Pretende-se regulamentar os interesses de uma determinada classe ou categoria de grupos distintos que se contrapõem a outros mais abrangentes[346]. Desse modo, vai-se paulatinamente retirando do âmbito do código matérias e categorias que eram, originariamente, objeto de sua regulamentação. Estas passam a ser tratadas por leis especiais[347], o que corresponde aos interesses dos correspondentes grupos sociais. Eis a gênese do fenômeno descodificação[348].

Com o passar do tempo, esse movimento conhece um tal processo de expansão que desemboca em um verdadeiro encadeamento de leis especiais. Estas vão se agrupando, conforme o seu ramo de disciplina. Tal fato constitui um abalo nas características de unidade, estabilidade e generalidade representadas pelos códigos. É o nascimento dos microssistemas[349].

Estes se caracterizam pelo estabelecimento de uma certa unidade entre diversas Leis especiais que disciplinam determinadas matérias. É assim com a sociedade no Direito Comercial. É assim com a locação no Direito Civil. Há, portanto, uma lógica própria em cada uma dessas ilhas legislativas. Mas essa circunstância, ao mes-

---

[346] Cf. F. Modugno, op. cit., pg. 506.

[347] Não se pense, porém, que esse fenômeno não era percebido há mais tempo pela doutrina. Já Cimbali denunciava o surgimento das Leis especiais a fim de regular novas relações jurídicas que se desenvolviam no direito italiano. Cf. La nuova fase del diritto civile, op. cit., pg. 38-55.

[348] Essa expressão ganhou celebridade a partir da obra de Natalino Irti, L'età della codificazione, pg. 3-39, Giuffrè, 1989, 3ª ed. Contudo, no Direito francês, Paul Durand já empregara esta expressão, em seu ensaio La décadence de la loi dans la Constitution de la Ve. Republique, *in* Jurisclasseur Periodique, 1959, Chr. 1470, nº 15. Na Alemanha, em 1954, Wieacker já denunciava o fim de um ciclo, com a crise da idéia de codificação. Cf. Aufstieg, Blüte and Krisis der Kodificationsidee, *in* Festschrift für Gustav Boehmer, Bonn, 1954, pg. 34-50.

[349] Ver, por todos, Natalino Irti, Le leggi speciale fra teoria e storia, *in* L'età della decodificazione, pg. 65.

mo tempo que revela uma tendência natural para uma certa unidade, descortina uma situação de completa assistematização. Os microssistemas alcançam o nível de pluralidade, o que desloca o centro de gravidade do sistema jurídico[350]. Este já não se encontraria no Código Civil. Ao contrário, defende-se a tese de que o Código Civil representaria mais um entre os tantos microssistemas. Até porque o código vivencia não só a perda de expressivos assuntos, como também assistiria ao declínio de seus conceitos mais importantes. Nas Leis especiais é que são desenvolvidos aspectos inovadores em relação a institutos fundamentais do Direito Civil. Também desse ponto de vista, portanto, passaria o código a ter uma função marginal. Estabelece-se, então, um quadro de polissistemas, em que a constituição assume um papel de centralidade para instituir princípios ao sistema do Direito privado[351].

Enfrenta-se, portanto, uma realidade em que a unidade do sistema do Direito privado está rompida. Esse quadro ganha contornos ainda piores quando se percebe que as Leis especiais começam a ter características mais e mais assistemáticas. Esta é, por exemplo, uma das características do Direito brasileiro. As leis passam a dispor tanto sobre matérias civis quanto processuais. Nesse caso, não é raro que as leis estabeleçam princípios que se contrapõem aos do código. Contam, inclusive com dispositivos penais. Cria-se, em suma, um cenário caótico. Uma selva escura da qual para sair, tal como Dante, o operador do Direito necessita de Virgílio para guiá-lo entre os círculos do inferno.

Ao mesmo tempo, as Leis especiais são cada vez mais dinâmicas. São freqüentes os casos em que as leis passam a durar cada vez menos. São promulgadas para resolver determinados conflitos por um determinado

---

[350] Confira Natalino Irti, Le leggi speciale fra teoria e storia, op. cit., pg. 66.

[351] Cf. Natalino, Le leggi speciale fra teoria e storia, op. cit., pg. 73.

DA CODIFICAÇÃO
CRÔNICA DE UM CONCEITO

período. No Direito brasileiro, o exemplo mais característico é o da Lei de Locações. Com efeito, desde o início do século foram inúmeras as legislações a esse respeito. Mas, com freqüência cada vez maior, elas são alteradas[352]. Poder-se-ia argumentar que o regime de locações é de forte influência social e que isto explicaria esse constante dinamismo. No entanto, o anseio por atualização legislativa se dá também em outros setores.

3. Microssistemas e sua relação com o Direito Civil
O mais antigo exemplo de Direito especial é o Direito Comercial. Enquanto o Direito Civil era o Direito comum a todos os cidadãos dentro da área identificada como Direito Privado, em que predomina a autonomia privada, o Direito Comercial surge, originariamente, como o ramo do Direito incumbido de disciplinar a atividade do particular como comerciante ou daquele que pratica atos de comércio. Pouco a pouco, dá-se a sua expansão, como o desenvolvimento da noção de empresa e o abandono dessa visão tradicional[353].

Foi, aliás, no Direito Comercial em que se deu de forma mais contundente a descodificação[354], especialmente em razão da extrema rapidez com que se desenvolvem os seus institutos. A Lei de Falências, no Direito brasileiro, de 1945, representa um exemplo de matéria em que se proclama uma urgente renovação. A Lei das sociedades por quotas, do longínquo ano de 1919, é alvo

---

[352] Tanto é assim que em 1991 surgiu uma nova lei, de nº 8245, que revogou a anterior, de 1979. Doze anos, portanto, foram mais do que suficientes para tornar inoperantes as regras estabelecidas por uma legislação. Trata-se, aliás, da 43ª lei sobre locação, a contar da primeira, que data de 1921.

[353] Ver Túlio Ascarelli, o Conceito de direito especial e a autonomia do Direito Comercial, *in* Problemas das Sociedades Anônimas e Direito Comparado, pg. 85, São Paulo, ed. Saraiva, 1969.

[354] Cf. Bruno Oppetit, La décodification du droit commercial français, *in* Études offertes a René Rodiére, pg. 198, Dalloz, 1981; mais recente, L'expérience française de codification en matiére commerciale, *in* Recueil Dalloz, Chr, 1990, pg. 1-6.

de contumazes críticas por sua obsolecência. A própria Lei das sociedades anônimas atual, nº 6.404/76, veio revogar o Decreto-Lei nº 2627/40 [355].

Verifica-se, portanto, que o grau de renovamento de determinados institutos jurídicos é tão intenso que mesmo o processo legislativo dito especial não consegue mantê-lo atualizado. As ramificações que perpassam o Direito Privado tornam-se cada dia mais diferenciadas em face do desenvolvimento de novas disciplinas que requerem um regramento específico. É tão marcante essa situação que se propugna, acentuadamente, pela utilização dos recursos da informática a fim de auxiliar o jurista na análise da legislação, de verificar o que está ou não em vigor, para restaurar o grau de racionalidade do ordenamento[356]. Talvez não exista exemplo mais marcante dessa última tendência do que o Direito do Consumidor. Trata-se de matéria que no Direito brasileiro recebeu um tratamento legislativo que não encontra paralelo. Tanto é assim que a lei que o regula, no Brasil, é mais conhecida por código, tal a sua amplitude e tamanha a sua ambição[357]. Constitui-se, verdadeiramente, num novo Direito singular. Ou será que é um Direito geral, que transformou o Direito Civil e o Direito Comercial em direitos especiais[358]? Esta é uma pergunta fundamental que ainda não ganhou uma resposta definitiva[359].

---

[355] Essa é a mesma situação no Direito francês, ver Bruno Oppetit, La décodification du droit commercial français, op. cit., pg. 203-205.

[356] Cf. Antonio A. Martino, Modelli giuridice, Razionalità, Informatica, pg. 359, *in* Analisi Automatica dei Testi giuridici, Logica, Informatica, Diritto, organizado por A. A. Martino e F. Socci Natali, Giuffrè, 1988.

[357] Na França elaborou-se um código de consumo, mediante a Lei nº 93-949, de 26/7/1993. Trata-se, na verdade de uma simples compilação das regras concernentes à defesa do consumidor na expressão francesa, cuida-se de um "Code-compilation". Cf. Jean Calais-Auloy, Droit de la Consommation, pg. 24-25, Dalloz, 1992.

[358] Cf. Harm Peter Westermann, sonderprivatrechtliche Sozialmodelle und das allgemeine Privatrecht, *in* Archiv für die civilistiche Praxis, 178, 1978, pg. 151-195.

[359] Para uma concepção restritiva, na medida em que a autonomia de um domínio tão diversificado das relações contratuais, como o Direito do Con-

De fato, é muito difícil explicitar qual a função e extensão precisa do Direito especial e, em decorrência, qual o papel atual do Direito Civil[360]. Já se referiu que coube ao Direito Comercial, pela primeira vez, desempenhar a missão de Direito especial. Sem dúvida, a partir de seu surgimento nas cidades italianas, representava ele uma exceção, pois tratava-se de normas que diziam respeito ao comerciante - o que exercia atos de comércio. Mas, com o passar do tempo, deu-se uma lenta e constante comercialização do Direito Civil na medida em que este passou a abrigar certos conceitos oriundos do Direito Comercial[361]. De forma que se passou, inclusive, a questionar a autonomia do Direito Comercial e a pretender a reaproximação dos dois ramos do Direito Privado[362]. Essa tendência foi implementada no Direito italiano a partir do Código de 1942[363]. Há quem defenda, em decorrência, a constante possibilidade de uma aproximação entre Direito Comum e Especial[364], muito em-

---

sumidor, é incompatível com a coerência indispensável do sistema jurídico, cf. Jacques Ghestin, Traité de Droit Civil, La Formation du Contrat, pg. 58, 3ª ed., Paris. Contrariamente, afirmando que no Direito Brasileiro a Lei de Defesa do consumidor é um verdadeiro código, cf. Ada Pellegrini Grinover e Antônio Herman de Vasconcellos Benjamin, Introdução ao Código Brasileiro de Defesa do Consumidor, comentado pelos autores do anteprojeto, pg. 10-11, 3ª ed., Forente, 1993.

[360] Cf. Giorgio Cian, Il diritto civile come diritto privato comune (Ruolo e prospettive della civilistica italiana alla fine del XX secolo), in Rivista di Diritto Civile, 1989 - Parte I, pg. 1-16.

[361] Nesse sentido, ver T. Ascarelli,O conceito de Direito especial, pg. 86.

[362] Cf. Wolfram Muller Freienfels, The Problems of including commercial Law and family Law in a civil code, in Problems of Codification, pg. 104-105, The Australian National University Camberra, 1977.

[363] No Direito brasileiro, porém, já se encontra essa posição na figura de Teixeira de Freitas que a defendeu por ocasião da elaboração do seu projeto de Código civil: o Esboço. A esse respeito, ver o estudo de Orlando de Carvalho, Teixeira de Freitas e a unificação do Direito Privado, pg. 101-153, in Augusto Teixeira e il diritto latino americano, op. cit.

[364] Ver Túlio Ascarelli, op. cit., pg. 89.

bora isto não tenha sucedido com o Direito do Trabalho[365].

Na verdade, essa tendência se apresenta, especialmente, nos poucos países em que se deu a unificação das obrigações civis e mercantis, como a Itália e a Suíça. Já na maioria dos demais ordenamentos, tem prevalecido a orientação de considerar-se o Direito Civil como o Direito Privado comum ou geral. Reconhece-se a existência de regras especiais para determinados setores que, eventualmente, possuam a necessidade de uma disciplina específica. É o exemplo recorrente do Direito Comercial. Este seria, portanto, o Direito Privado especial, enquanto o Direito Civil é o Direito Privado geral[366].

4. Os microssistemas e as perspectivas do Direito Privado
A explicação para esse acentuado particularismo jurídico, que leva à descodificação e à proliferação de microssistemas, pode encontrar sua razão de ser na caracterização do moderno Estado de Direito como estado Social de Direito[367]. Com efeito, esta transformação, de Estado Liberal em Estado Social, não poderia deixar de trazer profundas conseqüências para o Direito Civil e para o Direito Privado[368]. Este conhece uma nítida influência de princípios sociais que podem ser facilmente percebidos em determinados setores, como são exem-

---

[365] No Direito argentino, por sua vez, foi elaborado, em 1986, um projeto de unificação da legislação civil e comercial que tramitou no Senado sob a ordem do dia 202/86, o que se faria mediante a derrogação do Código Comercial. Ao final, porém, não foi aprovado pelo Presidente da República. Cf. Noemi L. Nicolau, Aproximación axiológica a los procesos de codificación, descodificación y unificación del derecho privado argentino, *in* El derecho, tomo 128 (1988), pg. 760.

[366] Cf. Carlos Alberto da Mota Pinto, Teoria Geral do Direito Civil, pg. 34 e segs, 3ª ed., Coimbra Ed., 1988.

[367] Sobre esse conceito, ver Jorge Reis Novais, Contributo para uma teoria do Estado de direito - do Estado de Direito liberal ao Estado social e democrático de Direito, pg. 188-244, Coimbra, 1987.

[368] Para uma visão crítica do conceito de Estado social de Direito, cf. Ernst Forsthoff, Concetto e natura dello Stato sociale di diritto, *in* Stato di diritto *in* trasformazione, pg. 31-70, op. cit.

plos o Direito do Trabalho e o já referido Direito do Consumidor. O dever de atender aos interesses alheios passa agora a estar no mesmo plano dos Direitos individuais[369]. Ocorre, em suma, uma mudança de sentido da técnica jurídica. Ela não visa mais a dirimir conflitos; tende, ao contrário, a gerir, racionalizar, planejar as atividades. Surge a busca incessante pelo desenvolvimento econômico. Em conseqüência, observa-se uma aceleração da história do Direito[370]. A lei passa a ser a expressão dessa constante vontade política. Só que o alcance desse desiderato propicia para o Estado um conflito trágico: torna-se ele vítima de seu próprio sucesso, pois não consegue, com a mesma facilidade, desenvolver a sua função primária: a de controle dos conflitos sociais[371].

Logo entra em crise a própria idéia de que seja possível influenciar ou corrigir o curso dos acontecimentos sociais mediante o uso da norma jurídica[372]. Passa a ser impossível a tentativa de uma planificação global, de modo que com isto o Direito não é mais o instrumento de intervenção direta sobre a sociedade. Esta apresenta-se de uma forma altamente diferenciada, constituindo-se de subsistemas, por sua vez tão díspares, que, dificilmente, o Direito logra obter o resultado pretendido: dirigir a sociedade[373]. De modo que os microssistemas nada mais são que um reflexo dessa tendência de polarização da sociedade. É, em suma, o retorno ao particularismo que caracterizava o sistema do *ancien regime*.

---

[369] Para uma análise dessas mudanças, cf. Franz Wieacker, Diritto civile e mutamento sociale, *in* Diritto privato e società industriale, op. cit., pg. 58-59.

[370] Cf. Paul Amselek, L'evolution génerale de la technique juridique dans les sociétès occidentales, *in* Revue de Droit Public, 2, 1982, pg. 276-294.

[371] Cf. Helmut Wilke, The Tragedy of the State, *in* Archiv für Rechts und Sozial Philosophie, volume LXXII, 1986, pg. 454-467.

[372] Concepção, aliás, clássica na doutrina. Já Georges Ripert anunciava a crença no progresso: "Legisla-se para progredir", *in* O Regime Democrático e o direito civil moderno, pg. 48, Ed. Saraiva, 1937.

[373] Cf. Helmut Wilke, Diriger la société par le droit, *in* Archives du Philosophie de Droit, Volume 31, pg. 189-214.

Em conseqüência, o operador do Direito depara-se não mais com dilemas, mas com "trilemas", diante dos quais torna-se cada vez mais difícil para ele posicionar-se. Afinal, qual teoria deve ele adotar a fim de estabelecer um adequado modelo regulatório? Esta é, definitivamente, uma pergunta ainda em aberto[374]! Esse "trilema" oscila, de um lado, entre a possibilidade de ocorrer incoerências entre o Direito e a sociedade; de outro, a possibilidade de superlegalização da sociedade; ou, por fim, uma hipersocialização do Direito[375]. A crise é de fato tão intensa que se acena, inclusive, com o fim do Estado de Direito[376]. Em face da galopante e crônica inflação jurídica[377], desenvolve-se uma multiplicidade de regras jurídicas. Surge, em decorrência, uma hipertrofia legislativa[378].

Essa circunstância produz vários desdobramentos. Ocorre, inicialmente, uma notória depreciação da própria norma jurídica por força da perda de sua efetividade. Há tal proliferação de leis, que elas não são sequer mais conhecidas e respeitadas. O clássico princípio de que "a ninguém é lícito desconhecer a lei", que, entre outros objetivos, tradicionalmente representava a idéia

---

[374] Cf. Gunther Teubner, Das Regulatorisch Trilema, zur Diskussion um post instrumentale Rechtsmodelle, *in* Quaderni Fiorentini, volume 14, pg. 11-116.

[375] Cf. Gunther Teubner, op. cit., pg. 116.

[376] Ver Jean Henry, Vers la fin del'Etat de Droit, *in* Revue du Droit Public, 1977, nº 5, pg. 1207-1235.

[377] Foi pioneiro no uso desta expressão Francesco Carnelutti, La morte del diritto, *in* La Crise del Diritto, pg. 177-190. Ver, também, Nicolas Nitsch, L'inflation juridique et eses conséquences, *in* Archives de Philophie de Droit, volume 27, pg. 161-179; René Savatier, L'inflation législative et l'indigestion du corpos social, *in* Dalloz, Chr., 1977, pg. 43-48.

[378] Esse fenômeno tem-se reproduzido mesmo no âmbito comunitário a partir da avalanche de medidas visando à harmonização, agravada pela circunstância de que elas provêm de uma burocracia, representada pela Comissão da Comunidade Econômica Européis, e não mais do próprio legislador. Cf. Bruno Oppetit, L'Eurocracie ou le mythe du législateur supreme, *in* Recueil Dalloz, Chr., XII, 1990.

de um Direito acessível a todos, deixa de ser considerado uma presunção para ser reputado como ficção[379]. Considera-se, inclusive, como sendo irracional a tentativa do cidadão de manter-se atualizado no campo jurídico. Essa circunstância acarreta o desenvolvimento de um Direito não-estatal[380], prática, aliás, muito comum em áreas como a societária em que se pretende escapar ao fenômeno da *overregulation*. A pluralidade de leis também favorece de forma considerável uma nova atividade do cidadão: a evasão[381]. Essa conduta é facilmente perceptível na esfera societária e especialmente fiscal em que o ímpeto legislativo - como é exemplo o Direito brasileiro - é particularmente voraz. Os contribuintes passam, portanto, a ser aconselhados a jogar com a pluralidade de regras em seu favor contra o próprio Estado que as promulgou.

É certo que a função legislativa concede a impressão de que os problemas que a sociedade enfrenta podem ser facilmente resolvidos. Muitas vezes, verifica-se que é mais fácil para a administração editar leis plenas de dispositivos do que atacar as causas de determinadas questões. São as denominadas "leis espetáculos", que, mais uma vez, só contribuem para um estado de desobediência, de perda do valor da regra do Direito e de saturação do ordenamento jurídico[382]. A lei é objeto de constantes reformas e modificações, a ponto de constituir-se em um jogo de faz-de-conta[383]. Diante desse quadro que se delineia, indaga-se, inclusive, se esse não seria o fim, ou mesmo a morte do Direito. Uma morte,

---

[379] Ver François Terré, Le rôle actuel de la maxime "nul n'est censé ignorer la loi" *in* Études de Droit Contemporain, pg. 91-123, 1966.

[380] Cf. Nicolas Luhman, Sociologia do Direito, vol. II, pg. 55-57.

[381] Cf. Jean Pierre Henry, op. cit., pg. 1216.

[382] Cf. Nicolas Nitsch, op. cit., pg. 164.

[383] Um sinal nesse sentido são as freqüentes comissões de reforma legislativa, especialmente dos códigos, formadas pelos governos no início do mandato e que ficam normalmente no meio do caminho. Cf. François Terré, La Crise de la Loi, *in* Archives de Philosophie de Droit, volume 25, 1980, pg. 25.

aliás, anunciada por setores autorizados da doutrina[384].

Em todo caso, a questão que se coloca, aqui, é a de saber se tal situação de inflação jurídica - e de conseqüente descodificação - é passível de ser revertida. Há, ainda, lugar para a figura do código no panorama atual, de amplo e completo caos legislativo e mesmo político-social? Ou deve, mesmo, prevalecer a noção, já referida, no sentido de que o código tornou-se mais um microssistema?

É evidente que essas perguntas podem levar também a outras indagações, especialmente a de saber qual o tipo de código que se pretende preservar.

---

[384] Cf. F. Carnelutti, op. cit., pg. 183.

DA CODIFICAÇÃO
CRÔNICA DE UM CONCEITO

143

Terceira Parte

O FUTURO DA CODIFICAÇÃO

Capítulo IX

O Código como elemento da modernidade

Diante da força dos argumentos anteriormente referidos, poder-se-ia indagar, seriamente, como já o fez Larnaud em 1904[385], sobre a função que o código ainda possa desempenhar junto ao Direito Privado. A tese no sentido de a codificação ser um elemento superado parece, a olhos apressados, consolidada. No entanto, assim não sucede. Uma análise mais aprofundada das situações, bem como um exame da doutrina jurídica revelam que o fenômeno da codificação ainda granjeia adeptos e alcança novas finalidades. Entre elas, podemos destacar, inicialmente, que o código ainda é uma forma de legislação que está associada à modernidade. De outro lado, o código não é mais percebido na mesma acepção global e totalizante que no século passado. Surge a tendência de pensar o código como um elemento central do sistema jurídico. Por fim, caberia ao código uma derradeira atribuição: facilitar a harmonização do Direito, especialmente do Direito Privado.

Ao contrário do que se poderia pensar, a idéia de Código não se tornou uma forma superada de legislação[386].

Mesmo após o surgimento das grandes codificações do século XIX, o século XX conheceu codificações tidas

---

[385] Cf. nota 278.

[386] Cf. Rodolfo Sacco, Codificare: modo superato di legiferare?, *in* Rivista di diritto civile, I, 1983, pg. 117-135.

como tardias. Na verdade, a experiência demonstra que a codificação continua a ser um instrumento válido para diversos países, o que tem contribuído para manter a tendência da codificação. Mesmo nos países socialistas permaneceu a idéia de codificação. Apesar da existência de conhecidas divergências ideológicas e de sutis diferenças metodológicas, como a separação existente entre o Direito Civil e o Direito de Família, vários países codificaram o seu Direito Civil[387]. Mas foram especialmente aqueles que adquiriram sua independência a partir da 2ª Grande Guerra que mais seguiram esse modelo. Foi assim com o Egito (1948), a Síria (1949), o Iraque (1951), a Líbia (1953) e o Sudão (1971)[388]. Percebe-se que todos esses exemplos constituem amostras de países que, depois de um longo período de experiência colonial, voltaram a adquirir plena autonomia política.

O fator fundamental a ser destacado nessas novas codificações consiste no fato de o código representar um elemento condutor para a modernidade, entendendo-se esse conceito como um conjunto de experiências características do final do século XIX, tais como, de um lado, o predomínio da razão e do saber científico e, de outro, do intenso crescimento tecnológico, apto a conceber previsões totalizantes[389]. De fato, é muito comum, em deter-

---

[387] Foi assim com a Tchecoslováquia (1950), a Hungria (1959), a Polônia (1964), a então União Soviética (1961) e a antiga República Democrática da Alemanha (1975). Cf. Viktor Knapp, La Codification du droit civil dans les pays socialistes européens, *in* Revue Internationale de droit comparé, 1979, nº 4, pg. 733-748.

[388] Quanto aos países árabes, é possível identificar três modelos de código: o otomano, o egípcio e o magrebino. Enquanto os dois primeiros, mais antigos, caracterizam-se pela duplicação das fontes, o último é um sistema estruturado sobre o Código único de Obrigações e Contratos da Tunísia, de 1912. Cf. Francesco Castro, La Codificazione del diritto privato negli stati arabi contemporanei, *in* Rivista di Diritto Civile, nº 4, 1985, pg. 387-447.

[389] A referência ao conceito de modernidade não significa, porém, o desconhecimento acerca da teoria da pós-modernidade. Mas apesar das importantes contribuições desta teoria e de seus autores - marcadamente ao apontar certas contradições da era moderna - e entre elas situa-se, sem dúvida, o do

minadas fases da história, que certos países realizem certas obras para tentar inserir-se nesse novo estágio técnico cultural. A construção de Petesburgo e de Brasília são exemplos significativos dessa política[390]. No Direito, também pode ser apontada essa tendência, sendo que a adoção pelos países africanos e árabes do modelo de código nada mais significava que uma estratégia nesse sentido. Aliás, talvez nenhum exemplo seja mais emblemático dessa política do que a adoção, pela Turquia de Kemel Ataturk, em 1940, do Código Suíço de Obrigações. Tratava-se de mais um passo importante na política turca de secularização adotada na época a fim de romper com as velhas tradições do Império Otomano[391].

Essa conduta é fácil e perfeitamente explicável por força do apelo modernizante que o Código representava para nações que antes do período colonial viviam imersas em suas próprias tradições. Diante do novo período que se avizinhava, marcado pela independência política e pela autonomia, a noção de código ainda tinha fôlego para angariar novos adeptos por força da imagem que ele representava: uma visão totalizante e sistemática do mundo[392].

---

esfacelamento do direito -, o certo é que ainda é possível explicar os atuais fenômenos jurídico-sociais mediante a utilização do conceito de modernidade. Seria suficiente empregar uma noção dinâmica e plural desse conceito, ao invés de raciocinar em termos rígidos e estáticos (Cf. nesse sentido Pauline Maisani e Florence Wienier - Réflexions autour de la conception post-moderne du droit, *in* Droit et Societé, nº 27, 1994, pg. 443-464, esp. pg. 461-462. Para uma ampla visão dessa dualidade, ver também El debate Modernidad-Pos modernidad, compilación y prólogo de Nicolas Casullo, ediciones el cielo por Asalto, 4ª ed., 1993, Buenos Aires).

[390] Cf. Marshall Bermann, Tudo o que é sólido se desmancha no ar - aventura da modernidade, pg. 167-196.

[391] É certo que há quem veja nessa política o risco, crescente, de uma aculturação. Para um estudo desse conceito, cf. Francesco Castro, op. cit., pg. 389-390.

[392] Cf. Paole Rossi, Idole della modernità, *in* Moderno-Pos moderno, organizado por Giovanni Mari, pg. 14, 1977, ed. Feltrinelli.

Esta, portanto, era a realidade nos ordenamentos jurídicos que alcançavam sua independência política[393]. Mas em relação aos países que já haviam realizado uma codificação, é certo que o fenômeno não se verificou com a mesma facilidade. Na Europa, países como a Itália e Portugal reformaram sua legislação com a promulgação de um novo Código Civil[394].

No Direito brasileiro, porém, apesar de diversas tentativas, não se conseguiu promulgar uma nova codificação. Sucederam-se diversos projetos e anteprojetos que redundaram, porém, em sonoros fracassos[395].

---

[393] Mas que, mesmo adotando o modelo da codificação, mantiveram outras fontes para o Direito Privado. É o caso do Direito egípcio, já referido, em que, apesar da presença do código, o Direito muçulmano dispõe sobre setores do Direito Civil, especialmente quanto às Pessoas e ao Direito de Família. Cf. Chafik Chehata, Les Survivances musulmanes dans la codification du droit civil, Revue Internationale de Droit Comparé, 1965, pg. 851. Verifica-se, portanto, que ao contrário do que tradicionalmente se afirma, a codificação não conduz, necessariamente, à positivação completa do Direito.

[394] Trata-se de uma situação, porém, que se enquadra na tendência de um país que pretende escapar de uma situação de inércia para ingressar num estágio de modernidade. Nesse sentido, enquadram-se os exemplos do Codigo Civil italiano, de 1942, e o de Portugal, de 1966, que primam pelo elevado apuro técnico de suas soluções, mas que foram elaboradas justamente em períodos ditatoriais.

[395] Já em 1941 era redigido um Anteprojeto de Código das Obrigações, autônomo em relação ao Código Civil, por uma comissão constituída por Orozimbo Nonato, Filadelfo Azevedo e Hahnemann Guimarães. Essa obra não foi bem vista, justamente em virtude da assistemática que proporcionava para o Código Civil. Tratava-se, realmente, de um modelo fortemente influenciado pelo Código Suíço de Obrigações. Em 1963, houve a elaboração, por Orlando Gomes, de um anteprojeto de Código Civil, juntamente com a comissão formada por Orozimbo Nonato e Caio Mário da Silva Pereira. Simultaneamente, elaborava-se um anteprojeto de Código de Obrigações, cuja incumbência coube a Caio Mário da Silva Pereira. Transformados em projetos, foram enviados ao Congresso no mesmo ano. No entanto, as fortes críticas a que foram submetidos fizeram com que o próprio autor os retirasse. Por fim, em 1967, formou-se nova comissão, presidida por Miguel Reale, e formada por José Carlos Moreira Alves, Agostinho Alvim, Sylvio Marcondes, Egbert Chamoun, Clóvis do Couto e Silva e Torquato Castro. Concluída em 1972, a redação do anteprojeto, após sucessivas revisões, foi remetido ao Congresso, já sob a forma de projeto, em 1975. Aprovado pela Câmara, encontra-se em apreciação pelo Senado.

---

150 FÁBIO SIEBENEICHLER DE ANDRADE

Essa circunstância revela uma dificuldade com que se depara o legislador, de determinados países, para renovar, de forma global e completa, a sua codificação. Uma primeira resposta a essa questão reside no fato de as codificações do século XX terem se dado em ordenamentos menos complexos, que ainda não haviam experimentado integralmente os desajustes proporcionados pela "era da incerteza". Trata-se de países que ainda não ingressaram nas formas avançadas do capitalismo. Em conseqüência, ainda não vivenciaram as suas crises[396].

Um outro fator relevante a ser mencionado sobre o processo de codificação nesses "novos" países reside na pouca expressão do regime democrático. É indiscutível que a existência de um regime totalitário facilita, e sobremaneira, o procedimento de elaboração, e conseqüente adoção, de um novo código. O processo decisório é sensivelmente mais rápido e leva-se muito menos em consideração outras esferas do poder, bem como os setores influentes da opinião pública. O processo de (re)codificação torna-se, portanto, essencialmente técnico, ficando a discussão política, que é inerente a um processo tão importante, relegada a um plano secundário, ou mesmo completamente abafada.

Sem dúvida, é facilmente perceptível a extrema lentidão com que se dá a elaboração da (re)codificação. Da nomeação de uma comissão de juristas até o projeto final leva-se, no mínimo, alguns anos. Os trabalhos legislativos implicam o decurso de tempo igualmente longo. Esse período é considerado muito extenso para uma sociedade que, mais do que nunca, exige respostas rápidas a suas demandas[397].

---

[396] Cf. Jürgen Habermas, A crise de legitimação no capitalismo tardio, pg. 57-69, ed. Tempo Universitário, Rio de Janeiro, 1980.

[397] É cada vez mais disseminado o debate acerca da incapacidade de tomar-se decisões rápidas e eficientes dentro do processo democrático, especialmente sobre problemas econômicos. Especialmente nos casos brasileiro e argentino, em que os pacotes econômicos se sucedem sem procurar atender à rigidez dos preceitos constitucionais e sem que os órgãos responsáveis mostrem

DA CODIFICAÇÃO
CRÔNICA DE UM CONCEITO

De modo que se verifica uma dificuldade prática na elaboração de novas codificações totalizantes e reformuladoras do Direito Privado. Muito embora o sistema jurídico-estatal necessite de modificações substanciais, o emperramento do seu aparato burocrático é de tal ordem que ele não consegue, rapidamente, incorporá-las ao sistema. Retorna-se, portanto, ao ponto de partida na medida em que se torna imperioso o recurso às Leis especiais, ampliando o quadro de assistematização que já se vislumbrou[398]. Mas isto não significa que o ordenamento jurídico tenha afastado definitivamente o conceito de código. Na verdade, não é mais possível trabalhar com um conceito oitocentista de código. Pretende-se, portanto, abandonar uma concepção ambiciosa e definitiva, em que a codificação é vista como efeito de uma proposta totalizante, para uma ótica em que o código assume um papel menor, mas ao mesmo tempo mais essencial: o de centralidade do sistema jurídico.

---

condições de resolver esse conflito. Sobre o tema, cf. José Eduardo Faria, Direito e Economia na democratização econômica, pg. 98-107, 1993.

[398] Saliente-se que, em alguns países, foram feitas certas reformas por intermédio das chamadas "novelas", isto é, mediante a incorporação ao Código dos aspectos renovadores, o que permitiu conservar a sua importância. No Brasil, porém, tal processo não ocorreu. Bem ao contrário, é crescente o uso das Leis especiais, mesmo para assuntos que poderiam ser incorporados ao Código. O melhor exemplo é o de bem de família.

Capítulo X

O Código como elemento centralizador do sistema jurídico

Seção 1 - O esgotamento do modelo totalizante

Apesar de dificilmente ter sido vista morte tão anunciada, a concepção de código ainda possui uma função a ser exercida. Cumpre, porém, antes de especificar em que ela consiste, tratar de readaptar o conceito de código aos dias atuais. Não é possível supor que se possa adotar, atualmente, um código nos moldes oitocentistas, um código total, um código napoleônico[399]. É preciso, em suma, "levar os códigos menos a sério"[400], abandonando a visão globalizante que as codificações do século passado tiveram. Esta perspectiva da codificação, efetivamente, não tem mais lugar no panorama jurídico[401].

Mas para que serve a preservação do código[402]? Já se viu que para uma corrente, cujo expoente é Natalino Irti, os códigos transformaram-se em microssistemas, de

---

[399] Entretanto, essa expressão contém uma injustiça, porquanto o Código Civil francês já era fruto de uma visão codificatória mais restrita para a sociedade, especialmente quando comparado ao código prussiano, que tratava de todas as matérias jurídicas e possuía, em decorrência, 19.000 artigos.

[400] Cf. Hein Kötz, Taking Civil Code less seriously, *in* the Modern Law Review, vol. 50, pg. 1-15, 1987.

[401] Cf. Michele Giorgianni, La morte del codice ottocentesco, *in* Rivista di Diritto civile, 1980, nº 1, pg. 52-56.

[402] Esta é a pergunta feita por Giorgio Rebuffa, Servino ancora i codici?, *in* Sociologia del diritto, 1981, pg. 87-92.

DA CODIFICAÇÃO
CRÔNICA DE UM CONCEITO

tal forma que se equiparam às Leis especiais, não tendo qualquer prevalência sobre elas[403]. No entanto, outra corrente aponta a importância de sua preservação a fim de manter a sistematização do Direito Privado. De fato, tem sido constatado que o enfraquecimento do conceito de código favorece, de modo acentuado, a assistematização do ordenamento jurídico. A proliferação de Leis especiais, muitas introduzindo novos conceitos jurídicos, não favorece a operacionalidade jurídica. Bem ao contrário, essa situação só contribui para tornar o ordenamento mais caótico e complexo[404]. De modo que se prende, em muito, a efetividade pretendida pelas novas leis[405]. Por outro lado, a manutenção da idéia de código favorece um certo reequilíbrio entre os diversos grupos sociais[406]. Com efeito, as Leis especiais visam a dispor e, conseqüentemente, a proteger os setores que demandam por normas protetivas de seus interesses[407]. Em sendo assim, o fortaleci-

---

[403] No Direito brasileiro, esta tese encontra ressonância em Orlando Gomes, A caminho dos microssistemas, pg. 40-51, *in* Novos Temas de Direito Civil, 1983, ed. Forense.

[404] Cf. Hein Kötz, op. cit., pg. 14-15.

[405] Um bom exemplo, nesse sentido, se encontra no Direito brasileiro com o Código do Consumidor, em que se poderia ter feito uma integração às codificações já existentes. Talvez seja o caso de resgatar o conceito de que o menos é superior ao mais, já esboçada, na Arquitetura pela Bauhaus. Esta é, de fato, uma polêmica que, a par de também estar presente na literatura - recorde-se a eterna disputa Goethe x Schiller ou Tchekov x Tolstoi - ainda não encontrou especial relevância no Direito. Com efeito, poder-se-ia pensar que, em relação aos códigos, as leis especiais seriam o menos. Contudo, tal não sucede na medida em que lei especial não se limita a uma só. Ela tende sempre a uma expansão, enquanto o Código é, por excelência, único.

[406] Nesse sentido, Giorgio Rebuffa, op. cit., pg. 91. No entanto, Noemi Nicolau entende diversamente, pois vê na Lei especial a preponderância da idéia de justiça por força da existência de um contrato entre os grupos sociais e o Estado, em detrimento da idéia de coerência. Cf. N. Nicolau, Aproximación axiológica a los procesos de codificación, op. cit., pg. 751-760.

[407] Excederia os limites desse trabalho estabelecer uma discussão acerca da análise econômica do direito, especialmente de uma teoria dos custos sociais. Essa matéria tem tido extraordinária aplicação no campo da responsabilidade civil. No Direito brasileiro, porém, tem tido pouca discussão. Em suma, cuida-se de saber se membros de determinados grupos menos favorecidos de-

mento da codificação refreia a tendência progressiva para o particularismo, que tem acentuado o desequilíbrio na sociedade. Afinal, nem todos os grupos são suficientemente fortes a ponto de obter uma tutela específica para si. De sorte que na tentativa de erigir uma proteção mais eficaz para setores reconhecidamente necessitados de tutela, deriva-se para uma complexidade desnecessária com a introdução de aspectos técnico-jurídicos tão minidentes que previlegiam mais a eternização das disputas jurídicas do que a proteção dos grupos mais débeis. De modo que um Direito mais sistemático favoreceria tanto a segurança jurídica quanto a idéia de igualdade[408].

Seção 2 - A idéia de centralidade como contribuição à racionalidade jurídica

É justamente em virtude dessa problemática que se procura defender a existência de um outro modelo de codificação. Advoga-se, portanto, o estabelecimento de um modelo central de código, em substituição ao do século passado[409]. Abandona-se a pretensão de totalidade vigente nos modelos do século XX, para construir um modelo em que o código possui uma função integrativa dentro do quadro complexo do sistema jurídico. Essa

---

vem receber tratamento privilegiado do sistema jurídico, mesmo à custa de prejuízos futuros para a totalidade dessa classe. É o que aconteceu, por exemplo, após o surgimento da já referida Lei sobre Bem de Família (Lei 8.009/90), em que a proteção concedida a certos grupos de devedores - fiadores - exclui parcelas expressivas da população do fornecimento de certos serviços. Cf. R. H. Coase, The Problem of Social Cost, pg. 13-40 e Ronald Dworklin, Why Efficiency, pg. 123-142, *in* Law Economics and Philosophy, a critical introduction with application to the Law of Torts.

[408] Cf. Helmut Coing, Historia e Significado de la Idea del Sistema en la Jurisprudencia, op. cit., pg. 24.
[409] Nesse sentido, cf. Artur Steinwenter, Kritik am österreichischen Bürgelichen Gesetzbuch - einst und jetzt, *in* Recht uns Kultur, pg. 64, 1958, Graz-Köln, Verlag Hermann Böhlaus.

noção, porém, não dispensa as Leis especiais, que se caracterizam por agregar, periodicamente, novas soluções ao sistema jurídico. Cumpre, assim, ordená-las ao código, mediante um processo de interação[410]. Mas como isto deve ser feito? Propugna-se, na doutrina, o estabelecimento de uma codificação estruturada em princípios[411], *standards*[412] ou mesmo por cláusulas gerais[413] [414]. Defende-se a adoção de um sistema aberto[415] ou móvel[416], em comparação com a sistemática an-

---

[410] Cf. Francesco Busnelli, Il Diritto Civile tra codice e legislazione speciale, pg. 49.

[411] Cf. Ronald Dworkin, Los Derechos en serio, pg. 70 e segs, 1985, ed. Ariel.

[412] Cf. André Tunc, Standards juridiques et Unification du Droit, *in* Revue Inrernationale du Droit Comparé, 1970, n° 2, pg. 247-268.

[413] Define-se cláusula geral como "a formulação de uma hipótese legal dotada de grande generalidade a fim de abranger e submeter a tratamento jurídico todo um domínio de casos". Cf. Karl Engisch, Introdução ao Pensamento jurídico, pg. 229. Ver a respeito, John Dawson, The General Clauses viewed from a distance, *in* Rabels Zeitschrift, 1977, n° 3, pg. 441-456; Adolfo Di Majo, Clausule generali e diritto delle obligazioni, *in* Rivista Critica di Diritto Privato, 1984, pg. 539-571; Luigi Mengoni, Spunti per una teoria delle clausole generali, *in* Revista Critica di Diritto Privato, 1986, pg. 5-19; Stefano Rodotà, Il tempo delle clausole generale, *in* Rivista Critica di Diritto Privato, 1987, pg. 709-733.

[414] Não cabe aqui, porém, estabelecer a distinção entre esses conceitos. Mesmo porque um autor como rodotà (ver nota anterior, pg. 725), repele tal preocupação, rotulando-a como reminiscência da jurisprudência dos conceitos. Mas para uma aproximação a esse respeito, ver Udith Martins Costa, As Cláusulas Gerais como fatores de mobilidade do Sistema Jurídico, *in* Revista dos Tribunais, 680, pg. 50-51.

[415] Um sistema aberto é o que admite, por excelência, ser incompleto. É capaz, portanto, de sofrer evoluções e modificações. É, ainda, dinâmico e, acima de tudo, permite a existência de uma ordem jurídica supralegal. Cf. C. W. Canaris, op. cit., pg. 104 e segs.

[416] Por sistema móvel, entende-se a concepção que - ao contrário de um sistema aberto - defende uma abertura interna do sistema em que se permitiria a conciliação de soluções dos vários setores do direito. Essa combinação de diversos elementos em cada caso alcançaria uma intensidade distinta. É interessante observar, aliás, que a aplicação dessa teoria é exemplificada no campo da responsabilidade civil, em que a liberdade do juiz é maior. Cf. W. Wilburg, Zusammenspiel der Kräft um Aufbau des Schuldrechts, *in* Archiv für die Civilistische, n° 163, 1964, pg. 343-379. Sobre as críticas a essa concepção, especialmente a de que não prevaleceria para vários setores, como o dos direitos reais, sucessões e títulos de crédito, ver K. Larenz, Metodologia da Ciência do Direito, op. cit., pg. 582-83.

terior, concebida como um sistema fechado[417]. É certo que essa orientação outorga ao juiz uma função bem mais relevante que a visão clássica lhe atribui. Passa ele a poder preencher a norma, dando-lhe maior concreção. De fato, o modelo oitocentista de código revela uma incompatibilidade com as exigências de uma sociedade dia-a-dia mais complexa. A intenção totalizante da codificação poderia funcionar adequadamente em um período como o século XIX, em que predominava uma sociedade liberal-burguesa, e cujas demandas em relação ao Estado ainda eram incipientes.

Alterado substancialmente esse quadro, isto não significa que deva ser rejeitado o conceito de código, pois ele favorece a preservação dos valores essenciais do ordenamento jurídico[418]. Até porque o código não é apenas mais uma lei, mas um valor cultural do ordenamento jurídico[419]. A luta por sua manutenção constitui uma manifesta aplicação do princípio da continuidade[420].

---

[417] Uma tentativa de ressurreição, porém, de uma idéia de sistema fechado encontra-se no conceito de sistema autopoiético ou auto-referencial. Essa orientação trabalha com a idéia de ser o sistema jurídico um subsistema do sistema social, alimentando-se e adaptando-se de seus próprios componentes. Cf. Gunther Teubner, O Direito como sistema autopoiético, Fundação Calouste Gulbenkian, 1993, pg. 1-354. No entanto, há quem procure estabelecer uma harmonia, defendendo que a autodeterminação completa não seria possível. O sistema jurídico seria um sistema normativamente fechado, mas cognitivamente aberto. Cf. Niklas Luhman, L'Autoriproduzione del diritto e i suoi limiti, in Politica del Diritto, XVIII, n° 12, 1987, pg. 41-60.

[418] Cf. Francesco Santoro-Passareli, Note conclusive. Il codice e il mantenimento dei valori essenciali, in Rivista di Diritto Civile, 1980, pg. 85-91.

[419] Como tem sido destacado, o Direito integra o mundo da cultura. Em sendo assim, seu modelo não é redutível a uma estrutura linear, mas sim formada por vários componentes que coexistem, muitas vezes em estado de tensão. Cuida-se, portanto, de estabelecer uma dialética de polaridade. Neste quadro, o código não é um mero figurante, ou um elemento descartável. Constitui, isto sim, elemento para que o direito como subsistema cultural possa organizar-se sistematicamente. Sobre o vínculo entre Direito e sistema cultural, Cf. Angelo Falzea, Sistema culturale e sistema giuridico, in Rivista di Diritto Civile, pg. 14-15, n° 1, 1988.

[420] É verdade que o modelo de continuidade ainda é incerto na medida em que esse problema convive sempre com o da modificação. Afinal, somente onde há mudança, pela interação de novas figuras culturais com elementos permanentes, é que se pode falar na existência de categorias estáveis. Cf.

DA CODIFICAÇÃO
CRÔNICA DE UM CONCEITO

Tanto é assim, que se tem procurado destacar o relativo distanciamento existente entre o Código Civil e as eventuais alterações do sistema político[421]. Acrescente-se que a preservação do código favorece a obtenção de uma maior certeza do Direito. Nesse sentido, tem ele hoje uma função muito mais importante do que a representada no século passado[422]. Sem ele dificilmente evita-se uma casuística que pode redundar em anarquia.

É certo que não se pode desconhecer a função do juiz como fonte do Direito[423]. No entanto, depois de tantos séculos de tradição positivista, não se pode pretender substituir uma figura por outra, isto é, a lei pelo juiz[424] [425].

sobre o tema, Giovani Cassandro, Sul problema della continuità, *in* La Continuità nella storia del diritto, pg. 31-46, 1972, Giuffrè.

[421] Cf. Giovani B. Ferri, Antiformalismo, Democrazia, Codice civile, *in* Rivista del diritto commerciale e del diritto generalli delle obligazioni, LXVI, 1968, pg. 362.

[422] Cf. Antônio Menezes Cordeiro, op. cit., pg. LXV.

[423] A correlação entre codificação e a questão dos poderes do juiz é antiga. Especialmente em virtude dos atributos de certeza e segurança proporcionados pela idéia de código, desenvolveu-se a tese de que o código favorecia o vínculo do juiz com a lei. Contudo, essa concepção não prevalece integralmente. Tem-se admitido, em primeiro lugar, que a maior sistematização do Direito proporcionada pelos códigos favorece o surgimento do direito dos juízes, na medida em que há um melhor acesso ao conhecimento jurídico por parte dos magistrados. Por outro lado, é sabido que não é só o modelo codificado a exigir um vínculo para a sentença a fim de garantir a certeza do direito. Também os países da "Common Law", apresentam - e de forma muito acentuada - uma jurisprudência ligada ao princípio do precedente. Sobre este ponto, cf. Winfried Hassemer, o sistema do Direito e a Codificação: a vinculação do juiz à lei, *in* Estudos de Direito brasileiro e alemão, pg. 189-203, 1985, UFRGS.

[424] De modo que não se pode concordar com a tese de que um direito dos juízes seja preferível ao direito das leis. A opção, aliás, não é entre direito judicial e leis especiais completamente desarmônicas entre si, mas sim por um sistema em que predomine a coerência e a unidade com a indispensável preocupação da justiça. Tem sido reiterado, inclusive, que a codificação favorece uma evolução interpretativa na medida em que é um instrumento muito mais flexível que a lei especial (Cf. Denis Tallon, A Reprint of Codificatiom and Consolidation of the Law at the present time, *in* Israel Law Review, volume 14, nº 1, 1979, pg. 9). De sorte que o estabelecimento de um

Cumpre, na verdade, buscar uma harmonia entre esses três pólos: primeiro, o código, como forma de legislação, na medida em que desenvolve uma função sistematizadora ao impedir a completa desagregação do ordenamento; depois, o juiz, incumbido de dar vida aos princípios e cláusulas gerais, sentindo as solicitações que a sociedade apresenta. Esta situação, porém, deverá sofrer necessariamente o balizamento de uma doutrina, o terceiro elemento, que não poderá ser meramente exegética. Não se pode pretender que o doutrinador seja um mero operador dentro do sistema[426], ou então que se estabeleça uma "nova exegese", em que a tarefa do jurista seja, pura e simplesmente, a de implementar "mínimos sistemas de normas dotados de escassa unidade"[427]. Cabe à dogmática jurídica a função de propiciar uma recepção controladora dos valores sociais no ordenamento, mediante a sua transformação em categorias sistemáticas[428]. A ciência jurídica deve tentar ser uma fonte de legitimidade para a jurisprudência. Mas para ter su-

direito judicial acarretaria, para o ordenamento jurídico, a adoção de uma visão corporativista e setorial, a ser estabelecida pela classe dos magistrados. Até porque, num período de secularização, o magistrado não possui mais a legitimidade para se colocar acima dos outros homens. Na prática, porém, é difícil configurar-se essa possibilidade, pois mesmo tentativas extremadas de direito judicial, como a do direito alternativo - já vivenciada no direito italiano na década de 70 - não encontram pleno respaldo no interior da classe. Cf. Mário Barceloma, op. cit., pg. 95-105.

[425] Não se pense, porém, que essa constante tensão entre o direito dos juízes e a lei se dá apenas nos países em que predomina a codificação. Também na "Common Law" tem-se colocado essa questão, basicamente sobre a relação entre o Direito comum e o dos estatutos ("Statute Law") e suas respectivas áreas de influência. Ver a respeito, P. S. Atiyah, Common Law and Statute Law, *in* The Modern Law Review, vol. 48, pgs. 1-28.

[426] Como adepto de uma posição restritiva destaca-se Piero Calamandrei, cobrando, inclusive, uma responsabilidade na formulação de teorias que contribuam para a incerteza jurídica. Cf. La Certezza del diritto e le responsabilità della dottrina, *in* Opere giuridiche, vol. I, pg. 504, Morano, ed., s/d.

[427] Cf. Natalino Irti, La proposta della neo-exegesi, *in* L'Età della decodificazioni, op. cit., pg. 139-150.

[428] Cf. Luigi Mengoni, interpretazione e nuova dogmatica - L'Autorità della dottrina, *in* Jus, 1985, pg. 469-484.

DA CODIFICAÇÃO
CRÔNICA DE UM CONCEITO

cesso nesse objetivo, ela também deve possuir legitimidade[429]. Do jurista, em suma, exige-se uma nova postura, que deve ser a de recuperar a função de "engenharia construtiva" que outrora lhe caracterizava[430]. Aliás, essa atribuição não é sequer nova, pois encontra sólidas raízes não só na tradição romana como também na experiência medieval[431]. De modo que a busca de um novo tipo de código se impõe. É certo, porém, que não se pode pretender que a codificação seja uma mera compilação de princípios e cláusulas gerais. Seria totalmente inexeqüível essa solução, pois antes de tudo cabe à codificação conter um "sistema de organização de interesses e relações"[432]. O que se propugna é a adoção de um sistema de princípios que conduza a um código menor que abdique da ambição de representar a integralidade do Direito privado[433]. De modo que o conjunto de princípios não serve para substituir o código, mas para integrá-lo e adaptá-lo a uma sociedade em transformação permanente[434].

---

[429] Cf. Carlo Castronovo, Legitimazione - Discorso Giuridico - Diritto Privato, *in* Jus, 3, 1985, pg. 430-468.

[430] Cf. Paolo Grossi, Pensiero giurídico, *in* Quaderni Fiorentini, 17 (1988), pg. 216.

[431] Não se pense, porém, em dizer que o sistema atual é mais complexo que do mundo medieval. Primeiro, porque essa afirmação desconsidera as diversidades do mundo medieval e depois porque é justamente num período tido por mais complexo, como o atual, em que a necessidade de o jurista retomar e reforçar sua independência torna-se indispensável.

[432] Cf. Giovanni B. Ferri, op. cit., pg. 392.

[433] Essa perspectiva não exclui, "prima facie", a utilização da idéia de cláusula geral em determinados setores do direito civil. A responsabilidade civil, mais uma vez, constitui um excelente exemplo. Em diversos países, a partir de uma cláusula geral - e o artigo 159 do Código brasileiro é uma excelente demonstração - a jurisprudência ampliou os domínios da responsabilidade civil. Mesmo assim, isto não significa que a noção de cláusula geral tenha superado todos os seus críticos, especialmente em razão da possibilidade de concentração de poderes para o juiz em função dos riscos para a certeza do direito. Ver a respeito, Alessandro Baratta, Responsabilità civile e certezza del diritto, *in* Rivista Internazionale di Filosofia del Diritto, 1965, I, pg. 46-54.

[434] Cf. Ronald Dworkin, op. cit., pg. 72.

Mas como essa codificação poderá ser efetivada legislativamente? Há quem sustente que o meio mais adequado seria inserir na parte geral os princípios e as cláusulas gerais[435]. A parte geral assumiria uma nova função, passando a servir de introdução ao Código Civil, para que essas noções não fiquem perdidas nos mais variados lugares do ordenamento[436].

É forçoso reconhecer, em suma, que uma codificação não pode ser vista isoladamente, desvinculada dos aspectos políticos, econômicos e culturais que norteiam a vida em sociedade. Cumpre, portanto, ter bem presente a posição que se pretende adotar quanto a esse ponto de vista. De nada adianta alterar a função do Código Civil sob o ângulo técnico, caso se continue a conceber um Direito Privado oitocentista em que seus elementos fundamentais, Pessoa, Negócio Jurídico, Família e Propriedade ainda estejam voltados para uma sociedade eminentemente liberal[437]. A proposta de uma recodificação passa, portanto, por uma constante e indispensável revisão do Direito Privado.

Esse processo tem como parâmetro a idéia de que o Direito Privado deve ser visto dentro de uma concepção dinâmica. Não poderá ser um sistema totalmente aberto ou móvel em que se concede ao juiz um grau absoluto de discricionariedade. Essa visão impediria que o sistema jurídico mantivesse um de seus atributos fundamentais, a coerência. Por essa razão, a visão tópica do

---

[435] Cf. Konrad Zweigert-Hartmut Dietrich, System and language of the German civil code, op. cit., pg. 48-49.

[436] É o que sucede no Direito brasileiro, em que idéias nucleares como a da boa-fé e a do enriquecimento sem causa aparecem de um modo muito pouco perceptível. Mesmo no recente Código de Defesa do Consumidor, não se deu a esses dois elementos o destaque que lhes caberiam.

[437] É certo que o pensamento neo-liberal, no qual pontifica um autor como Friedrich A. Hayek critica essa tendência, apontando os riscos de ser apagada a distinção entre Direito Público e Privado por força da difusão cada vez mais intensa de princípios sociais. Cf. F. Hayek, Direito, legislação e liberdade, vol. 1, Normas e Ordens, pg. 153-167.

Direito[438] não pode ser acolhida em sua integralidade, na medida em que sua característica, de pensar preponderantemente por problemas, *topoi*, pode afetar esse requisito. A circunstância, claramente admitida, do caráter aberto, móvel e incompleto do Direito Privado[439] - e por extensão do código - não significa que o sistema jurídico deva renunciar ao seu papel de *ars*, razão pela qual, por intermédio de um código central, a coerência do sistema deve ser preservada.

Evidentemente, essa circunstância, por si só, não é suficiente. Cumpre reafirmar a existência de uma função para o Direito Privado em que se conciliem os clássicos princípios da autonomia da vontade individual com o da responsabilidade social que a modernidade exige[440]. Num certo sentido, não se foge à clássica fórmula de que o conceito de *ars* deve ser, necessariamente, balizado pelas noções do *bonum et eaquum*.

Por fim, cumpre acentuar uma derradeira finalidade para a codificação. Num mundo em que não se pode mais conceber o isolamento entre os diversos países, e em que se trabalha, desde algum tempo, para a derrubada das distinções políticas e econômicas, há também uma outra função a ser desenvolvida pelo código. Ele pode servir à harmonização jurídica.

---

[438] Cf. Theodor Viehweg, Tópica e Jurisprudência, pg. 1153, co-edição da Universidade de Brasília e do Ministério da Justiça, 1979.

[439] Cf. Karl Larenz, Metodologia da Ciência do Direito, pg. 592, ed. Fundação Calouste Gulbenkian, 1989.

[440] Cf. L. Reiser, II Futuro del Diritto Privato, op. cit., pg. 228-238.

Capítulo XI

O Código como elemento harmonizador

A necessidade de estabelecer uma harmonização, aparece tanto no plano externo quanto no interno. Nesse caso, um primeiro exemplo encontra-se no Direito americano, com o surgimento do *Uniform Commercial Code*, que foi adotado por todos os estados americanos. Sua influência como agente unificador foi intensa, não só do ponto de vista normativo como também no aspecto científico na medida em que favorece o desenvolvimento de conceitos gerais no Direito Comercial americano. É claro que não se trata de um código ao estilo prussiano. Com 400 artigos, consiste justamente em exemplo de código central na medida em que não trata de todos os assuntos e é flexível, pois deve necessariamente conviver com a jurisprudência[441].

Um outro bom exemplo, ainda no Direito americano, é o *Restatement*. Consiste numa sistematização de casos, elaborada pelo American Law Institut, que a partir de 1952 teve uma nova edição: o *Restatement Second*. Trata-se, portanto, de uma edição privada, mas há quem o considere como uma forma incompleta de codificação[442] ou mesmo como um passo importante nesse sentido[443].

---

[441] Cf. Allan Farnsworth, Le Droit Commercial aux Etats - Unids d'Amerique, *in* Revue International de Droit Comparé, nº 2, 1962, pg. 309-319.

[442] Cf. Ferdinand Fairfax Stone, A Primer Codification, *in* Tulane Law Review, Vol XXIX, 1955, pg. 303-310.

[443] Cf. Mitchel Franklin, The Historic Function of the American Law Institute: Restatement as transitional to codification, *in* Harvard Law Review, vol. 47, 1934, pg. 1367-1393.

No plano externo, encontram-se exemplos tanto na Europa quanto na América Latina de esforços no sentido de se fazer a harmonização legislativa. No Direito europeu, essa concepção é impulsionada, de um lado, pela identidade existente entre os ordenamentos integrantes da família jurídica romano-germânica e, de outro, pelos acordos da Comunidade Européia. É certo que, em virtude do nacionalismo, a base romanística deu lugar aos Direitos de diversos países. Mas muitas das características romanas permanecem, o que, com a notória exceção da Inglaterra, facilita uma aproximação.

No momento, a verdadeira força motriz da harmonização encontra-se nos acordos da Comunidade Européia. Esse objetivo, porém, encontra-se limitado pelas próprias metas estabelecidas pela Comunidade, a partir dos termos do Tratado de Roma[444]. Por enquanto, essa matéria é discutida num âmbito restrito, tendo como finalidade a ampliação do mercado comum para a obtenção de uma maior interação econômica[445].

A questão que se põe, na atualidade, é a de saber se o Código é um instrumento adequado a favorecer essa harmonização, mesmo que se trate de áreas localizadas. Uma ilustração de como o código pode servir de meio para a unificação de setores do Direito é a recente proposta de elaboração de um Código europeu de contratos, envolvendo, precisamente, os países da Comunidade[446]. É sabido que em outras situações já se

---

[444] Artigo 3º, h: "A ação da comunidade comporta a aproximação das legislações nacionais na medida necessária ao funcionamento do mercado comum".

[445] Cf. Tomasz Pajor, Le Rapprochement des legislations comme une des conditions de l'integration européene, in Permeabilité des Ordres juridiques, 1992, pg. 329-333, Schulthess Verlag, Zurich.

[446] Cf. Giuseppe Gandolfi, Per un Codice europeo dei contratti, in Rivista trimestriale di diritto e procedura civile, setembro 1991, pg. 781-710. Mais recentemente, foi dedicado um amplo volume às perspectivas de sucesso de um código europeu. Ver a respeito, Towards a European Civil Code, organizadores A. S. Hartkamp, M. W. Hesselink, E. H. Hondius, C. E. du Perron, J. B. M. Vranken, 1994, Martinus Nijhoff Publisher.

realizaram esforços em favor da harmonização. É o caso das Convenções de Haia, de 1964, e de Viena, em 1980. Ocorre que nestas hipóteses se utilizou a lei como caminho para a harmonização. A novidade, portanto, reside na escolha de um código para essa tarefa[447] [448]. Uma vez mais, a discussão consiste em saber que tipo de código será utilizado. A resposta parece recair na solução já mencionada: a opção por um código dotado de cláusulas gerais a fim de obter o maior grau possível de flexibilidade[449].

Em relação ao Direito latino-americano, essa circunstância também aparece, pois em todos os países o ordenamento é calcado, de uma forma ou de outra, no Direito Romano[450]. Mesmo os princípios gerais são os mesmos[451]; na medida em que as raízes do Direito sulamericano são comuns[452]. Em vista disto, existe uma

---

[447] Essa opção, porém, não é aceita facilmente. Apontam-se inúmeras dificuldades a serem superadas para repetir a experiência da codificação no Plano europeu. Da multiplicidade de línguas, à diversidade de técnicas jurídicas, passando pelo temor de perda da tradição jurídica, todos esses são fatores que entravariam a adoção de um código como elemento de unificação. Cf. Luigi Mengoni, L'Europa di Codici o un codici per l'Europa, op. cit., pg. 515-528.

[448] Do ponto de vista do Direito alemão, muito embora se considere essa medida com simpatia e espírito de colaboração, o certo é que se prevê a permanência do B.G.B. como sendo ainda capaz de exercer razoável influência no Direito privado. Cf. Michael Will, Verso il duemilla: revisione del B.G.B., in Revista Critica del Diritto Privato, 1992, nº 4, pg. 591-605.

[449] Cf. Giuseppe Gandolfi, op. cit., pg. 796-797.

[450] Cf. Pierangelo Cattalano, Diritto romano attuale, sistemi giuridici e diritto latinoamericano, in Elementi di unità e resistenza del sistema giuridico latinoamericano, Consiglio Nazionale delle Ricerche, pg. 1-25, s/c.

[451] Cf. Sandro Schipani, el código civil peruano de 1984 y el sistema jurídico latinoamericano (apuentes para uma investigación sobre princípios generales del derecho, in Elementi di unità e resistenza, op. cit., pg. 153-185.

[452] A esse respeito, é necessário destacar a circunstância de terem vigorado em Portugal, e por longo tempo, duas importantes leis castelhanas. Tanto o Fuero Real quanto a Lei das Sete Partidas, de autoria de Afonso, o Sábio, a partir do século XIII, tiveram larga influência nos tribunais portugueses. Sobrepujaram, inclusive, por algum tempo, o Direito romano. Cf. Guilherme Braga da Cruz, o Direito Subsidiário, in Revista da Consultoria-Geral do Estado, volume 4, 1974, pg. 29-40.

DA CODIFICAÇÃO
CRÔNICA DE UM CONCEITO

base favorável para que se busque uma harmonização legislativa, bem como para identificar elementos comuns a fim de estabelecer uma resistência à notória influência cultural do sistema da Common Law[453]. Entre os países da América do Sul, portanto, não existiriam certas dificuldades, próprias do cenário europeu. Há uma maior unidade entre os sistemas legislativos e inclusive uma menor diferença de linguagem. Mesmo a condição econômica é semelhante, o que igualmente favorece a solução de determinados institutos do Direito privado[454].

Desenvolve-se, em conseqüência, um processo de maior harmonia da legislação a fim de implementar a integração cultural latino-americana, que não pode pretender estabelecer somente um mercado comum.

Essa política encontra especial aplicação mediante a formulação de um código-padrão, de um código único, um código-tipo para os diversos ordenamentos da América Latina. Trata-se de uma proposta básica a ser seguida por esses países.

Essa experiência já gerou vários modelos, tendo iniciado por um código para o Direito Penal, outro para o Direito Tributário, para o Processo Civil e, também, para o Processo Penal. Além desses, atualmente encontra-se em elaboração um modelo de código-tipo para o Direito Civil, a ter início por um livro relacionado com a matéria sobre "as Pessoas"[455].

Essa meta, até aqui restrita às áreas essencialmente jurídicas, pode ganhar maior relevância a partir dos acordos firmados pelos países que constituíram o Mercosul. Embora, como já se referiu, esta não seja a finali-

---

[453] Pierangelo Cattalano, Derecho romano y Paises latinoamericanos, op. cit., pg. 213-216.

[454] Cf. Herman Eichler, Codificação do Direito civil e Teoria dos Sistemas do Direito, *in* Revista de Direito Civil, vol. 2, 1977, pg. 55.

[455] Cf. Sandro Schipani, introdução ao volume Un Codice tipo di procedura civile per l'America Latina, organizado por Sandro Schipani e Romano Vaccarella, pg. 16 e segs, 1988, Cedam.

dade imediata desse acordo, trata-se, a toda evidência, de uma excelente oportunidade a partir do qual se possa pensar em implantar uma harmonização legislativa em setores jurídicos da América Latina.

Conclusão

1. De todo o exposto, verifica-se que a idéia de código consiste numa aplicação do princípio da totalidade. A própria etimologia da palavra revela essa concepção. Está inserido nesse conceito - e na sua formulação - a tentativa de ordenação do Direito e, por via de conseqüência, da sociedade. No entanto, a intensidade com que se utilizou a noção de totalidade variou no decorrer do tempo. Mesmo assim, associou-se a idéia de código aos modelos em que o conceito de totalidade foi mais forte. Não foi por mero acaso, portanto, que grandes personalidades - de que Justiniano e Napoleão são os exemplos mais conhecidos - sempre procuraram marcar seus governos com a elaboração de códigos.

Essa visão se sustenta, basicamente, sobre duas vertentes. De um lado, um código se apresenta como um sistema, isto é, uma exposição das matérias jurídicas de um ponto de vista ordenado. Por outro, em função das necessidades políticas que perpassam, inicialmente, o continente europeu e, muito tempo depois, o sul-americano, o código serviu para unificar o Direito e romper com as estruturas que caracterizavam o período medieval.

2. Quanto ao primeiro pressuposto, fica claro que é impossível negligenciar - pelo menos no nível atual - a contribuição romana a essa idéia. Do contrário, torna-se difícil explicar a circunstância de o modelo gaiano - pessoas, coisas e ações - ter atingido tamanha importância.

DA CODIFICAÇÃO
CRÔNICA DE UM CONCEITO

169

Por outro lado, o fortalecimento dos Estados nacionais, que se deu paralelamente ao incremento do Absolutismo, fez com que a noção de código deixasse de ser uma simples técnica para ser associada, definitivamente, a conotações políticas. É a partir de então que se associa a idéia de código com o positivismo, por exemplo. O certo é que o código facilitava a adoção de um Direito nacional em cada um dos Estados europeus, que pretendiam substituir o Direito Romano como ordenamento vigente.

3. Entre as grandes codificações, como não poderia deixar de ser, pontifica o Código Civil francês, o Código de Napoleão, de 1804. Além do *Corpus Iuris Civilis*, também representativo do conceito de código e, como se viu, paradigma dessa idéia por toda uma época, encontra-se no futuro venturoso da codificação francesa, e do que ela representava, o segundo fundamento para o sucesso da noção de código. Nesse sentido, foi essencial o Código Civil francês. Em face do prestígio alcançado pela Revolução e mais tarde por Bonaparte, a idéia de código alcançou grande propagação.

Mesmo a reação que sobreveio à derrota de Napoleão não conseguiu alterar essa tendência. A célebre polêmica travada entre Savigny e Thibaut marcou profundamente o pensamento jurídico europeu e o sul-americano. Por fim, a própria Alemanha, após a sua unificação, ancorada no desenvolvimento científico proporcionado pela escola das Pandectas, promulga o seu Código Civil (B.G.B.).

4. Sempre se pensou que as grandes codificações fossem somente as européias. Trata-se de um erro! O Direito latino-americano, com suas próprias características, também contribuiu para a história da codificação, aliás, de forma significativa. Primeiro, mediante o Direito brasileiro, que apresenta características ímpares por

força da influência do Direito português. Dentre elas, destacam-se as Ordenações, que proporcionaram a Portugal, e por extensão ao Brasil, uma concepção de centralidade que os demais países europeus só bem mais tarde foram conhecer. É hora, também, de dar o devido destaque a figuras como Teixeira de Freitas, sem dúvida o mais importante jurista brasileiro do século passado. Por seu intermédio, antecipam-se, no Brasil, debates sobre temas como a introdução da Parte Geral, ou mesmo da unificação das obrigações que só bem mais tarde iriam ser tratadas na Europa. Depois, mediante o Direito argentino, que pela contribuição de Velez Sarsfield elaborou um obra que ainda hoje perdura. Por fim, merece referência o Código Civil chileno, fruto do talento de um jurista ainda hoje negligenciado pela doutrina brasileira: Andrés Bello.

5. O Código Civil alemão, bem como o brasileiro, marcam o fim dessa fase grandiosa de codificações. Mudanças substanciais, tanto de ordem política quanto de natureza econômica, propiciaram o surgimento de uma nova fase: a era da descodificação. De fato, os elementos que nortearam o século passado desapareceram. De uma época marcada pela estabilidade passa-se a uma era de incertezas. A própria forma de atuação, a concepção mesma do Estado, é revista. Em conseqüência, o sistema jurídico idealizado na figura de um código não consegue enfrentar de forma eficaz os novos problemas que se apresentam. A complexidade social e política dessa era repele a concepção totalizante dos códigos oitocentistas.

6. Os argumentos apresentados contra os códigos são muitos e bastante conhecidos. Não custa, porém, rememorá-los, sem a preocupação de ser exaustivo. Primeiro, a idéia de código estruturado como um sistema fechado, *geschlossen system*, não se mostraria apta a en-

frentar os problemas vivenciados pela sociedade atual; depois, os princípios constitucionais teriam substituído os conceitos do Código Civil; mais ainda, as principais categorias do código também não seriam capazes de atender às necessidades sócio-econômicas atuais. Em conseqüência, acentua-se o desenvolvimento das leis especiais, que passam a constitui-se por força de seu grande número e importância, em verdadeiros microssistemas. Usurpariam, portanto, dos códigos civis o papel de posto chave do sistema jurídico.

7. Não obstante a aparente consistência dessas ponderações, não se apresenta de modo pacífico essa concepção. Em primeiro lugar, a realidade demonstra que a tendência a codificar não desapareceu. Ao contrário, novos países têm procurado codificar o seu Direito Privado. Por outro lado, os institutos do Código Civil ainda desempenham um papel relevante. Não se pode compartilhar a tese de que teriam somente uma função microeconômica, enquanto às leis especiais caberia uma incumbência de caráter macroeconômico. O mesmo serve para os dispositivos constitucionais que, seguidamente, têm um caráter marcadamente pragmático. Last but not at least, por último mas não menos importante, as leis especiais também não se caracterizam como um sistema. Bem ao contrário, de forma cada vez mais freqüente elas surgem para resolver problemas específicos, com vigência bastante limitada.

8. Em conseqüência, deve-se pretender uma nova missão para o Código Civil nos dias de hoje. Não será, é claro, a mesma idéia anterior, em que a concepção totalizante aparecia num grau muito intenso.

Assegurada a atualidade do código como forma de legislação, cabe, inicialmente, resgatar a figura do Código Civil como ordenador do sistema jurídico do Direito Privado. O uso de certos mecanismos, como as cláusulas gerais, junto com uma revitalização da doutrina jurídica aparecem como fundamentais para atingir esse objetivo. Ademais, a Europa já percorre um longo caminho no sentido da harmonização legislativa. Espelhando-se nesse exemplo, também a América Latina tem dado alguns pequenos passos nesse sentido. Caberia, então, vislumbrar e verificar a possibilidade de os códigos também desempenharem uma função harmonizadora no plano externo.

9. Desse exame sumário da matéria, verifica-se a importância de uma análise do fenômeno codificação e de sua extrema significação para a história do Direito Privado. Conclui-se, em suma, que a codificação, hoje colocada numa situação de crise, dificilmente poderá ser substituída ou superada. Isto porque ela representa uma categoria altamente representativa que por estar associada ao princípio da continuidade sempre estará a (co)ordenar o Direito Privado.

DA CODIFICAÇÃO
CRÔNICA DE UM CONCEITO

173

Bibliografia

Alfange Jr, Dean. Jeremy Bentham and the codification of Law, in Cornel Law Review, volume 55/58, 1969, pg. 57.

Alves, José Carlos Moreira. A formação romanista de Teixeira de Freitas e seu espírito inovador, in Augusto Teixeira de Freitas e il Diritto latinoamericano. Cedam, 1988, pg. 17-40.

Amorth, Antonio. Dallo Stato assoluto allo Stato constituzionale, in Questioni di Storia Moderna, Carlo Marzorati, Milano, 1951.

Amsalek, L'evolution generale de la technique juridique dans les societés occidentales, in Revue de Droit Public, 2, 1982, pg. 276-294.

Ankum, Hans. La Codification de Justinien était-elle une véritable codification?, in Liber Amicorum John Gilissen, pg 1-17, Kluwer, Antuérpia.

Aquino, São Tomás de. Suma Teológica. Porto Alegre: Sulina Editora, 1980.

Anzoátegui, Victor Tau. La Codificación en la Argentina (1810-1870), Buenos Aires, 1977.

Archi, Gian Gualberto. Giustiniano Legislatore, Il Mulino, Bolonha, 1970.

Arnaud, André Jean. Les Origenes doctrinales du Code Civil Français, LGDJ, 1969.

—— e Arnaud, Nicole. Le socielisme juridique à la bellé époque, visages d'une aberration, in Quaderni Fiorenti per la Storia del Pensiero Giuridico Moderno, 3-4 (1974-75).

Ascarelli, Tulio. Diritti dell'America Latina e dottrina italiana, in Studi di diritto comparato e in tema di interpretazione, Milano, 1952, pg. 155-162.

——. Hobbes e Leibniz e la dogmatica giuridica, in Testi per la storia del pensiero giuridico, Milano, Giuffrè, 1960.

——. Unificazione del Diritto dello Stato e tecnica dell'interpretazione, in Problemi Giuridici, T. primo, 1959, Giuffrè, pg. 339-354.

——. L'idea di Codice nel Diritto Privato e la funzione dell'interpretazione, Giuffrè, 1952.

——. O Conceito de Direito especial e a autonomia do direito Comercial, in Problemas das Sociedades Anônimas e Direito Comparado. São Paulo: Saraiva, 1969.

Astuti, Guido. La Codificazione del diritto civile, in La Formazione Storica del Diritto moderno in Europa, V. II, Firenza, Leo S. Olschiki, 1977.

Atiyah, P. S. Common Law and Statute Law, in The Modern Law Review, Volume 48, 1985, pg. 1-28.

Azzariti, Gaetano. Codificazione e sistema giuridico, in Politica del diritto, XIII, 1982, og. 537-567.

Baratta, Alessandro. Responsabilitá civile e certezza del diritto, in Rivista Internazionale di Filosofia del Diritto, 1965, I, pg. 28-54.

Barcellona, Mario. Su sistema e metodo (per una teoria giuridica sistemica), in Rivista Critica di Diritto Privato, 1990, pg. 27-118.

Barcellona, Pietro. Diritto privato e Processo Economico. Napoli: Jovene Editore, 1973.

Baudouin, Jean Louis. Refléxions sur la codification comme mode d'expression de la régle de droit, in Contributions in honour of Jean Georges Sauveplanne; Kluwer Law and Taxation, Publishers, 1984, pg. 17-27.

Becchi, Paolo. La polemica sulla codificazione in Germania attraverso la storia delle interpretazioni, in Materiali per una storia della Cultura Giuridica, 1991, pg. 23-73.

Behrends, Okko. Le codificazioni Romanistiche e le constituzioni moderne (sull'importanza constituzionale del diritto romano), in Dalmacio Velez Sarfield y el Derecho latinoamericano. Cedam, Padova, 1991, pg. 195-208.

Bentham, Jeremy. De L'Organisation judiciaire et le codification, in Oeuvres, tome 3, réimpression, Scientia Verlag Aalen, 1969.

Bermann, Marshal. Tudo o que é sólido desmancha no ar. Aventura da modernidade. Companhia das Letras, São Paulo, 1986.

Bittar, Carlos Alberto. O Direito de Família e a Constituição de 1988, ed. Saraiva, São Paulo, 1989. Bobbio, Norberto. A Grande Dicotomia: público/privado, in Estado Governo Sociedade. Para uma Teoria Geral da política, Ed. Paz e Terra, São Paulo, 2ª ed.

Breccia, Umberto. L'interprete tra codice e nuove legi civili, in politica del diritto, 1982, nº4, pg. 571-598.

Brito, Alejandro Guzman. El pensamento codificador de Bello entre las polémicas chilenas en torno de la fijación del derecho civil, in Studi Sassaresi, vol. V, pg. 139-162.

——. Codex, in Estudios de Derecho Romano en honor de Alvaro D'Ors, Ediciones Universidade de Navarra, Pamplona, 1987, pg. 591-635.

——. Codificación y consolidación: una comparación entre el pensamiento de A. Bello y el de A. Teixeira de Freitas, in Augusto Teixeira de Freitas e il diritto latinoamericano, a cura di Sandro Schipani, Cedam, Padova, 1988, pg. 266.

——. La Fijación del Derecho, Ediciones Universitarias de Valparaiso, Valparaíso, 1977.

——. Dialéctica, Casuística y Sistematica en la jurisprudencia romana, Revista de Estudios Histórico-Juridicos, V, 1980, pg. 19-31.

——. La Sistematica de Codigo civil de Andrés Bello, in Andrés Bello y el Derecho latinoamericano, Caracas, 1987, pg. 317-332.

Brugi, I Glossatori nella Storia della nostra Giurisprudenza civile, in Per la Storia della Giurisprudenza e delle Universita italiane, Torino, 1915, pg. 31-40.

Bullinger, Martin. Derecho Publico e Derecho Privado. Madrid, 1976.

Burdese, alberto. Il sistema del codice civile argentino e la distinzione tra diritto personali (Dal pensiero di Teixeira de Freitas a quello di Velez

Sarsfield, *in* Dalmacio Velez Sarsfield y el derecho latinomaericano). Cedam, Padova, 1991, pg. 151-160.

Busnelli, Francesco Donato. Il diritto civile tra codice e legislazione speciale, Guida editori, Napoli, 1984.

Calais-Auloy, Jean. Droit de la Consommation, Dalloz, Paris, 1992, 3ª edição.

Calamandrei, Piero. La Certezza del diritto e le responsabilità della dottrina, *in* Opere Giuridiche, volume i, ed. Morano, Napoli, 1965, pg. 504-522.

Calasso, Francesco. Introduzione al diritto comune, Giuffrè, Milano, 1951.

Canaris, Claus-Wilhelm. Pensamento sistemático e conceito de sistema na ciente do direito, Fundação Calouste Gulbenkian, Lisboa, 1989

Canotilho, José Joaquim Gomes. Direito Constitucional, 5ª edi., Livraria Almedina, Coimbra, 1991.

Capellini, Paolo. Sulla formazione del moderno concetto di dottrina generale del diritto, *in* Quaderni Fiorentini per la Storia del Pensiero Giuridico Moderno, vol. 10, 1981.

—— systema Iuris, volumes I e II, Milano, Giuffrè, 1984, 1985.

Carnelutti, Francesco. La morte del diritto, *in* La Crise del Diritto, 1953, pg. 177-190.

Caroni, Pio. La Cifra codificadora nell'opera di Savigny, *in* Quaderni Fiorentini per la Storia del pensiero giuridico moderno, volume 9, 1979.

Carpinteros, Francisco. Mos italicus, mos galicus y el humanismo racionalista. Una contribución a la historia de la metodologia jurídica, *in* Ius Commune, 6 1977, pg. 108-169.

Carvalho, Orlando. Teixeira de Freitas e a unificação do Direito Privado, *in* Augusto Teixeira de Freitas e il diritto latinoamericano, Cedam, 1988, pg. 101-153.

Cassandro Giovani. Sul problema della continuità, *in* La Continuità nell storia del diritto, Giuffrè, 1972, pg. 31-46.

Cassirer, E. The Philosophy of the Enlightment, Boston, 1961.

Castro, Francesco. La Codificazione del diritto privato negli stati arabi contemporanei, *in* Rivista di Diritto Civile, n° 4, 1985, pg. 387-477.

Castronovo, Carlo - Legittimazione Discorso giuridico diritto privato, *in* Jus-Rivista di scienze giudiriche, 3 anno XXXII, 1985, pg. 430-468.

Casullo, Nicolas, El debate Modernidad. Pos Modernidad, ediciones el cielo por Asalto, 4ª ed., 1933, Buenos Aires.

Cattalano, Pierangelo. Diritto romano attuale, sistemi giuridici e diritto latinoamericano, *in* Elementi di unità e resistenza del sistema giuridico latinoamericano, Consiglio Nazionale delle Richerche, Roma.

——. Derecho Romano y Paises latinoamericanos, *in* Elementi di unità e resistenza del sistema giuridico latinoamericano, Consiglio Nazionale delle Richerche, Roma.

Cattaneo, Mario A. Iluminismo e legislazione, Edizioni di Communitá, Milano, 1966.

Cavanna. A. Storia del diritto moderno *in* Europa, Le fonti e il pensiero giuridico, Giuffrè, Milano, 1982.

Cerroni, Umberto. Sulla storicitá della distinzione tra diritto privato e diritto pubblico, *in* Rivista Internazionale di Filosofia del Diritto, 1960, pg. 355-367.

DA CODIFICAÇÃO
CRÔNICA DE UM CONCEITO

177

Chatelet, François e Pisier Kouchier, Évelyne. As Concepções Políticas do Século XX, Ed. Zahar, São Paulo, 1981.

Chehata, Chafik. Les Survivances musulmanes dans la codification du droit civil, *in* Revue Internationale de Droit Comparé, 1965, pg. 389-843.

Chevrier, G. Remarques sur l'introduction et les vicissitudes de la distinction du "jus privatum" et du "jus publicum" dans les des anciens juristes français, *in* Archives de Philosophie du Droit, Volume I, 1952, pg. 5-77.

Cian, Giorgio. Il diritto civile come diritto privato comune (Ruolo e prospective della civilistica italiana alla fina del XX secolo), *in* Rivista di Diritto Civile, 1989. Parte I, pg. 1-16.

Cimbali, Enrico. La nuova fase del diritto civile nel rapporti economici e sociale, *in* Opere Complete, Volume I, UTET, Torino, 4ª ed. 1907.

Clavero, Bartolomè. Codificatión y Constitución: Paradigmas de un binomio, *in* Quaderni Fiorentini per la storia del pensiero giuridico moderno, 18, 1989; pg. 79 a 145.

Coase, R. H. The problem os Social Cost, *in* Law Economics and Philosophy, a critical introduction with application to the law of Torts, Rowman & Allanheld Publisher, New Jersey, 1983, pg. 13-40.

Cobas, Manoel Osvaldo e Zago, Jorge Alberto. La influencia de las notas del código civil en la ciencia del derecho argentino y latinoamericano, *in* Dalmacio Velez Sarsfield y el derecho latinoamericano, Cedam, Padova, 1991, pg. 141-150.

Coing, Helmut. Historia y significado de la idea del sistema en la jurisprudencia, Universidade Nacional Autonoma de Mexico, 1959, og 21-35.

Comparatto, Vitor Ivo. Introduzioni a Bodin, *in* Antologia di Scritti politici, Il Mulino, Bolonha, 1981.

Cordeiro, Antônio Menezes. Introdução a Claus-Wilhelm Canaris, Pensamento Sistemático e conceito de sistema na ciência do Direito, Lisboa, Fundação Calouste Gulbenkian, 1989.

Corradini, Domenico. Garantismo e Statualismo, Giuffrè, Milano, 1971.

Costa, Judith Martins. As Cláusulas gerais como fatores de mobilidade do Sistema Jurídico, *in* Revista dos Tribunais, 680, pg. 47-58.

Costa, Mário Júlio de Almeira. Apontamentos de História do Direito Português. Coimbra. Ed. Policipiada, 1982-1983.

——. Romanismo e Bartolismo no Direito Português, *in* Boletim da Faculdade de Direito de Coimbra, volume XXXVI.

Cruz, Guilherme Braga da. O Direito subsidiário na história do Direito Português, *in* Revista da Consultoria-Geral do Estado, volume 4, 1974, pg. 1-80.

Cruz, Sebastião. Direito Romano, Ed. Almedina, Coimbra, 1969.

Cupis, Adriano de. A proposito di codice e di Decodificazione, *in* Rivista di Diritto Civile, 1979, parte seconda, pg. 47-53.

D'Aguesseau, Chanceller. 0 Mémorie sur les vues générales que l'on peut avoir pour la réformation de la justice, *in* Oeuvres complètes, vol. 13, Paris, 1819.

David, René. Os Grandes Sistemas di Direito Comparado, ed. Martins Fontes, São Paulo, 8º ed.

Dawson, John P. The Oracles of the Law, The University of Michigan Law School Ann Arbor, 1978.

———. The General clauses viewed from a distance, *in* Rabels Zeitschrift, 1977, nº 3, pg. 441-456.

Descartes, René. Discour de la Methode, Paris, Ed., J. Vrin, 1946.

Dicionário de política, Volume 2, Ed. da Universidade de Brasília, 4ª ed, 1993.

Bona, Ferdinando Bona. L'ideale retorico ciceroniani ed il lus Civile *in* artem redigere, *in* Studia et Documenta Historiae et Iuris, 46, pg. 282-381, 1980.

Domat, Jean. Les loix civiles dans leur ordre naturel, Paris, Nyon Ainé Librairi, 1777.

Durand, Paul. La decadence de la loi dans la Constitution de la Ve. Republique, *in* Jurisclasseur Periodique, 1959, Chr. 1470, nº 15.

Dworkin, Ronald. Los Derechos en Serio, Ed. Ariel, Barcelona, 1989.

———. Why Efficiency?, *in* The Problem of Social Cost, *in* Law Economics and Philosophy, a critical introduction with application to the law of Torts, Rowman & Allanheld Publisher, New Jersey, 1983, 123-142.

Eichler, Hermann. Codificação do Direito civil e teoria dos sistemas do Direito, *in* Revista do Direito Civil, volume 2, 1977, pg. 44-58.

Engish, Karl. Introdução ao Pensamento Jurídico, Fundação Calouste Gulbenkian, Lisboa, 6ª ed.

Esmein, A. L'originalité du Code Civil, *in* Le Code Civil. Livre du Centenaire, tome I, Libraire E. Duchemin, 1969, pg. 5-21.

Espanes, L. Mosses de. Reflexiones sobre las notas del codigo civil argentino, *in* Studi Sassaresi, vol. 1981.

Esser, Josef. Principio y norma en la elaboración jurisprudencial del derecho privado, Editorial Bosch, Barcelona, 1961.

Falzea, Angelo. Sistema culturale e sistema giuridico, *in* Rivista di Diritto Civile, nº 1, 1988, pg. 1-17.

Faria, José Eduardo. Direito e Economia na democratização econômica, Malheiros Editores, São Paulo, 1993.

Farnsworth, Allan. Le Droit Commercial aux Etats-Unid d'Amerique, *in* Revue Internationale de Droit Comparé, nº 2, 1962, pg. 309-319.

Fasso, G. Storia della Filosofia, vol. II, L'età Moderna, Il Mulino, Bolonha.

Feenstra, Robert. Grocio y el Derecho Privado europeo, *in* Anuario de Historia del Derecho Espanhol, 45 (1975), pg. 605-621.

Fenet, P. A. Recuil complet des travaux préparatoires du Code Civil, tome Prémier, réimpression, 1968.

Ferri, Govanni B. Antiformalismo, Democrazia, Codice Civile, *in* Rivista del Diritto Commerciale e del Diritto generali delle Obligazioni, 1968, I, pg. 347-407.

Flach, Jacques. Cujas-Les Glossateurs et les bartolistes, *in* Nouvelle Revue Historique de Droit Français et Etranger, 1883, pg. 205-227.

Forsthoff, Ernst. Stato di Diritto *in* transformazione, Giuffrè, Milano, 1973.

Fox, Robin Lane, Verdade e Ficção, 1ª ed. Ed. Companhia das Letras, São Paulo, 1993.

Franklin, Mitchel. The Historic function of the American Law Institute: Restatement as transitional to codification, *in* Harvard Law Review, 1934, volume 47, pg. 1367-1393.

Friedman, W. Law *in* a changing society, Steve & Sons, Londres, 1959.

DA CODIFICAÇÃO
CRÔNICA DE UM CONCEITO

179

———. The State and the Rule of Law *in* a mixed economy, London, Steve & Sons, 1971.

Gadamer, H. Georg. Verdad y Metodo, ed. Sigueme, Salamanca, 1984.

Galbraith, John Keneth. O novo Estado Industrial, Livraria Pioneira Editora, São Paulo, 1977.

Galgano, F. Il diritto privato fra codice e costituzione, ed. Zanichelle, Bologna, 1979.

Gallo, Filippo. La Codificazione giustinianea, *in* Index, 14, 1986, pg. 33-46.

Gandolfi, Giuseppe. Per un Codice europeo dei contratti, *in* Revista trimestriale di diritto e procedura civile, settembre, 1991, pg. 781-810.

Gaudemet, Jean. Les tendances a l'unification du Droit en France dans les siècles de l'ancien régime (XVIe-XVIIIe), *in* La Formazione Storica del diritto moderno, vol. I, *in* Atti del III Congresso Internazionale della Societá Italiana di Storia del Diritto, Firenze, 1977, pg. 157-193.

———. Tentatives de systematisation du Droit à Rome, *in* Index, 15, 1987, pg. 79-86.

Gélio, Aulo. Notte Attique, Rizzoli Libri, Milano, 1992.

Giesey, Ralph e Salmon, J. H. M. Introdução à Francogalia, Cambridge University Press, 1972.

Giorgianni, Michele. La morte del codice ottocentesco, *in* Rivista di diritto civile, I, 1980, pg. 52-55.

Il Diritto privato ed i suoi attuali confini, *in* Rivista trimestrale di diritto e procedura civile, 1961, pg. 391-420.

Gomes, Orlando. A Caminho dos Micro-Sistemas, *in* Novos Temas de Direito Civil, Ed. Forense, São Paulo, 1983.

Raízes Históricas e sociológicas do Código Civil brasileiro, *in* Ajuris, nº 9, pg. 6-32.

Grim, Dieter. La Constitución como fuente del derecho, *in* Las Fuentes del Derecho, ed. Universidade de Barcelona, 1983, og. 13-26.

Grinover, Ada Pellegrini e Benjamin, Antônio Herman de Vasconcellos. Introdução do Código Brasileiro de Defesa do Consumidor, comentado pelos autores do anteprojeto, Ed. Forense, São Paulo, 3ª ed. 1993.

Grossi, Paolo. Absolutismo Juridico y Derecho Privado en el siglo XIX, Universitat Autònoma de Barcelona, Bellaterra, 1991.

———. Epicedio per l'assolutismo giuridico, *in* Quaderni Fiorentini per la Storia del Pensiero Giuridico, 17, 1988, pg. 517-532.

———. Pensiero Giudirico, *in* Quaderni Fiorentini per la storia del pensiero giuridico moderno, 17 (1988) pg. 216.

Grua, G. La Justice humaine selon Leibniz. Paris, Presses Universitaires de France, 1956.

Guarnieri, Attílio. Il Codigo Civil chileno e suoi modelli: alcune osservazioni, *in* André Bello y el Derecho latinoamericano, Caracas, 1987, pg. 381-384.

Guisalberti, Carlos. Il Codice civile di Andrés Bello, codice latinoamericano, *in* André Bello y el derecho latinomaericano, Caracas, 1987, pg. 303-316

Gunther, Richard e Blough, Roger A. O Conflito Religioso e o consenso na Espanha: um relato de duas constituições, *in* A Transição que deu certo, ed. Trajetória Cultural, São Paulo, pg. 271-298.

Habermas, Jürgen. Mudança Estrutural da Esfera Pública, Ed. Tempo Brasileiro, São Paulo, 1984.

———. A crise de legitimação no capitalismo tardio, ed. Tempo Universitário, Rio de Janeiro, 1980.

Hartkamp, A. S. Towards a European Civil Code, 1994, Matinus Nijhoff Publisher

Hassemer, Winfried, O Sistema do Direito e a Codificação: a vinculação do juiz à lei, *in* Estudos de Direito brasileiro e alemão, Ed. da Universidade Federal do Rio Grande do Sul, 1985, pg. 189-203.

Hattenhauer, Hans. Los fundamentos histórico-ideológicos del derecho Aleman entre la Jerarquia y la Democracia, Editorial Revista de Derecho Privado, 1983.

Hayek, Friederich A. Direito, legislação e liberdade, Volume 1, Normas e Órdens, Ed. Visão, 1985.

Hegel, G. W. F. Princípios da Filosofia do Direito, Guimarães Editora, Lisboa, 1990.

Henry, Jean Pierre. Vers la fin de l'Etat de Droit, *in* Revue du Droit Public, 1977, nº 5, pg. 1207-1235.

Hesse, Konrad. A força Normativa da Constituição, Sérgio Antônio Fabris ed., Porto Alegre, 1991.

Hobbes, Thomas. Leviathan, *in* The English Works of Thomas Hobbes, vol. III, seconde reprint, Scientia Verlag, 1966.

———. A dialogue between a philosopher and a student of a Common Law of England, *in* Testi per la Storia del Pensiero Giuridico moderno, Giuffrè, Milano, 1960.

Horak, Frans. Dogmática e Caşuística no Direito Romano e Causística e nos Direitos Modernos, *in* Revista de Direito Civil, vol. 28, 1984, p. 82.

Hueck, Alfred e Canaris, Claus-Wilhelm. Derecho de los Títulos de Valor. Ed. Ariel, Barcelona, 1988.

Huizinga, Johan. O declínio de Idade Média, Ed. Ulisséia, 2ª ed., s/d.

Irti, Natalino. L'età della decodificazione, Giuffrè, Milano, 3º ed., 1989.

———. La cultura del Diritto Civile, UTET, torino, 1990, Jellinek, Georg. La Dotrina General del Diritto dello Stato, Milano, Giuffrè, 1949.

Jesch, Dietrich. Ley y Administración, estudio del principio de legalidad, Insituto de Estudos Administrativos, Madrid, 1º ed., 1978.

Jones, J. W. Law and Legal Theory of the Greeks, Oxford at the Clarendon Press (ver data).

Kahn-Freund, O. Introdução a Karl Renner, the Institutions of Private Law and their social fuctions, Routledge & Keegan Paulo, Londres, 1976.

Kan, J. van. Les efforts de codification en France. Étude historique et psychologique, Libraire Arthur Rousseau, Paris, 1929.

Kant, Crítica da Razão Pura, São Paulo, ed. Abril, 1983.

Kaser, Max. Derecho romano Privado, Madrid, Editorial Reus, 1968.

———. Sur la methode des jurisconsultes romains, *in* romanitas, 1962, volume 5, pg. 106-123.

Khalil, Magdi Sobhy. Le dirigisme écnomique et les contrats, LGDJ, Paris, 1967.

Knapp, Victor. La Codification du Droit civil dans le pays socielistes européens, *in* Revue Internationale de Droit Comparé, 1979, nº 4, pg. 733-748.

DA CODIFICAÇÃO
CRÔNICA DE UM CONCEITO

Koschaker, Paul. L'Europa y el Derecho Romano, Editorial Revista de Direito Privado, Madrid, 1955.

Kötz, Hein. Taking Civil Code less seriously, *in* The Modern Law Review, volume 50, 1987, pg. 1-15.

Krystufek, Zdenek. La querelle entre Savigny et Thibaut et son influence sur la pensée juridique européenne, *in* Revue Historique de droit français et atrenger, 44, 1966, pg. 59-75.

Küebler, Friederich. Tendências modernas do Direito societário, *in* Estudos de Direito brasileiro-alemão, 1985, Porto Alegre.

L'Hospital Michel. Traité de la reformation de la justice, *in* Oeuvres inedites, Paris, 1925, pg. 324, apud Mortari, Vicenzo Piano, Diritto Romani e diritto nazionale *in* Francia nel secolo XVI.

Larenz, Karl. Metodologia da Ciência do Direito, Fundação Calouste Gulbenkian, Lisboa, 2ª ed. 1989.

Larnaude, F. Le Code Civil et la necéssité de sa revision, *in* Code Civil, 1804-1904. Livre du Centennaire, tomo II, Arthur Roussian Editeur, pg. 901-931, 1904.

Levaggi, Abelardo. Fuentes de la sección "De las personas en general" dell Código Civil argentino de Vélez Sarsfield. Influencia de ella en código civil uruguayo, *in* Dalmacio Véles Sarsfield y el derecho latinoamericano, Cedam, Padova, 1994, pg. 227-248.

Levaggi, Abelardo. La Formación romanista de Dalmacio Vélez Sarsfield, *in* Studi Sassaresi, Volume V, pg. 317-345.

Liberati, Gianfrancesco. Introdução a Franz Wieacker, Diritto Privato Societá Industriale.

Lira, Bernardino Bravo. Centenario del Código civil español de 1889, separata da Universidade de Alicante y Complutense de Madrid.

——. Difusion del Código Civil de Bello en los paises de derecho castellano y portugues, *in* Andres Bello y el Derecho Latinoamericano, Caracas, 1987, pg. 93-145.

Locré, G. G. Spirito del codice Napoleone. Tratto della discussione ossia collazione istorica, analitica e ragionata del progetto del codice civile, vol I, Brescia, 1806.

Loewenstein, Karl. Teoria de la Constitución, Ed. Ariel, Barcelona, 1971.

Losano, Mario G. Sistema e Strutura nel Diritto, torino, G. Giappichelli, ed., 1968.

——. La Scuola di Recife e l'influenza tedesca sul diritto brasiliano, *in* Materiali per una storia della cultura giuridica, IV, 1974, pg. 323-415.

Luchaire, François. Les Fondaments constitutionnels du Droit civil, *in* Revue trimestrielle de Droit Civil, volume 80, 1982, pg. 245-328.

Luhman, Niklas. L'Autoriproduzione del diritto e i suoi limiti, *in* Política del Diritto, XVIII, n° 1, 1987, pg. 41-60.

——. Sociologia do Direito, volume II, Ed. Tempo Universitário, São Paulo, 1985.

Luig, Klaus. La Pandettística come scienza guida della scienza giudirica dell'ottocento, *in* Augusto Teixeira de Freitas e il diritto latinoamericano, Cedam, 1988, pg. 289-302.

———. Gli Elementa Civilis di J. G. Heineccius come modelo per la Institutiones de Derecho Romano di Andrés Bello, in Andrés Bello y el Derecho latinoamericano, Caracas, 1987, pg. 259-274.

Maillet, Jean. The Historical Significance of French Codifications, in Tulane Law Review, 1969-1979, pg. 681-692.

———. Codifications napoléoniennes, développement économique et formation de la sociéte française capitaliste; in Quaderni Fiorentini per la Storia del Pensiero Giuridico Moderno, 2, 1972.

Maisani, Pauline e Wienier, Florence. Réflexions autour de la conception post-moderne du droit, in Droit et Société, nº 27, 1994, pg. 443-464.

Majo, Adolfo di. Clausole generale e diritto delle obbligazione, in Rivista Critica di Diritto Privato, 1984, pg. 539-571.

Majo, Adolfo di. Enrico Cimbali e le idee del socialismo giudirico, in Quaderni Fiorentino per la Storia del pensiero giuridico moderno, nº 3-4 (1975-76), tomo I, pg. 383-431.

Marini, Giuliano. Introdução a A. F. Thibaut. F. C. Savigny, La Polemica sulla codificazione, Edizione scientifique italiane, Napoli, 1982.

Marques, Mário Reis. O Liberalismo e a Codificação do Direito Civil em Portugal, in Boletim da Faculdade de Direito de Coimbra, Suplemento XXIX, 1987.

Martino, Antonio. La Progettazione legislativa nell'ordinamento inquinato, in Studi Parlamentari e di politica costituzionale, nº 38, 1977, pg. 1-21.

———. Modelli giuridici, Razionalitá, Informatica, in Analisi automatica dei testi giuridici, Logica, Informatica, Diritto, organizado por A. A. Martino e F. Socci Natali, Giuffrè, 1988.

Martini, Remo. Le definizioni dei giuristi romani, Milano, 1966.

Masnatta, Hector. La ideologia del codigo civil argentino, in Dalmacio Velez Sarsfield y el Derecho Latinoamericano, Cedam, Padova, 1991, pg. 181-194.

Mateucci, Nicola. Jean Domat, un magistrato giansenista. Il Mulino, Bolonha, 1959.

McMartrie, Douglas C. O Livro. Fundação Calouste Gulbenkian, Lisboa.

Meira, Sílvio. Direito brasileiro e Direito argentino. Códigos Comercial e Civil. Influência do Esboço de Teixeira de Freitas no Projeto de Velez Sarsfield, in Studi Sassaresi, V, 1981, pg. 201-250.

———; Júlio Cesar e a Codificação do Direito Republicano, in Novos e Velhos Temas de Direito, Forense, Rio de Janeiro, pg. 197-214.

Menger, Anton. El Derecho Civil y los Pobres. Ed. Atalaya, Buenos Aires, 1947.

Mengoni, Luigi. Interpretazioni e nuova dogmatica. L'autoritá della dottrina, in Jus, 1985, 469-484.

———. L 'Europa dei Codici o un codici por l'Europa, in Revista Critica del Diritto Privato, 1992, nº 4, pg. 515-528.

———. Spunti per una teoria delle clausole generali, in Rivista Critica di Diritto Privato, 1986, pg. 5-19.

Mesnard, Pierre. La Placede Cujas dans la querelle de l'humaninisme juridique, in Revue Historique de Droit Français et Etranger, 28 (1950), pg. 521-537.

Modugno, Franco. Norme singolari, speciali, eccezionali, in Enciclopedia del diritto, Vol. XXVIII, Giuffrè, 1978, pg. 506-533.

Molitor Schlosser. Perfiles de la nueva historia del Derecho Privado, ed. Bosch, Barcelona, 1986.

Moreira, Vital. Economia e Constituição, Coimbra Editora, 2ª ed., 1979.

Morin, Gaston. La Révolte du Droit contra le Code, Sirey, Paris, 1945.

Mortari, Vincenzo Piano. Itinera Iuris, Jovene Editore, Napoli, 1991.

——. Diritto Logica Metodo nel secolo XVI, Jovene Editore, Napoli, 1978.

——. Diritto romano e Diritto nazionale *in* Francia nel secolo XVI, Milano, Giuffrè, 1962.

Müller, E. Le Code Civil en Allemagne, *in* Le Code Civil. Livre du Centenaire, tomo II, Libraire E. Duchemin, 1969, pg. 627-638.

Müller-Freienfels, Wolfram. The Problems of including commercial Law and family Law *in* a civil code, *in* Problems of codification, The Australian National University, Camberra, 1977, pg. 90-133.

Muratori, Ludovico Antonio. Dei difetti della giurisprudenza, Napoli, 1776.

Naf, Werner. Le prime forme dello Stato Moderno nel basso medioevo, *in* Lo Stato Moderno, I, Dal Medioevo all'etá moderna, pg. 51-68.

Nicolau, Noemi L. Aproximación axiologica a los procesos de codificación, descodificación y unificación del derecho privado argentino, en El Derecho, tomo 128 (1988), pg. 751-60.

Nitsch, Nicolas. L'inflation juridique et ses conséquences, *in* Archives de Philosophie de Droit, volume 27, pg. 161-179.

Novais, Jorge Reis. Contributo para uma Teoria do Estado de Direito. Do Estado de Direito Liberal ao Estado Social e Democrático de Direito, Coimbra, 1987.

Oliveira, José Lamartine Correa e Muniz, Francisco José Ferreira. Direito de Família, Sérgio Antônio Fabris ed. Porto Alegre, 1990.

Oppetit, Bruno. L'Eurocracie ou le mythe du législateur supreme, *in* Recueil Dalloz, Chr. XIII, 1990, pg. 73-76.

——. L'expérience française de codification en matière commerciale, *in* recueil Dalloz Sirey, 1990, Chroniques, pg. 1-6.

——. La décodification du droit commercial français, *in* Etudes Offertes a René Rodiére, Dalloz, Paris, 1981, pg. 197-207.

Orestano, Ricardo. Introduzione allo Studio del Diritto Roman, Il Munilo, Bolonha, 1987.

Pajor, Tomasz. Le Rapprochement des legislations comme une des conditions de l'integration européene, *in* Permeabilité des Ordres Juridiques, Schulthess Verlag, Zurich, 1992, pg. 329-333.

Pasukanis, E. B. La Teoria Generale del Diritto e il Marxismo, *in* Teorie Sovietiche del Diritto, Giuffrè, Milano.

Paz, Enrique Martinez. Freitas e sua influencia sobre el Código Civil argentino. Universidade de Córdoba, Córdoba, 1927.

Pecorella, Corrado. Studi sul settecento giuridico. L. A. Muratori e i difetti della giurisprudenza, Giuffrè, Milano, 1964.

——. Consolidazione e codificazione *in* una esperienza brasiliana, *in* Augusto Teixeira de Freitas e Il Diritto Latinoamericano, Cedam, 1988, pg. 221-240.

Peter, F. E. Termos Filosóficos Gregos, 2ª ed., Lisboa, Fundação Calouste Gulbenkian.

Petronio, Ugo. Una categoria storiografica da rivedere, *in* Quaderni Fiorentini per la Storia del Pensiero Giuridico Moderno, 13, 1984, pg. 705-717.

Pieri, Pieno. Formazione e Sviluppo delle grandi monarchie europee, *in* Questioni di Storia Medievale, Carlos Marzorati Editore, Milano, 1951, pg. 475-499.

Piga, Franco. Tramonto del codice civile?, *in* Rivista di Diritto civile, I, 1980, og. 56-79.

Pinto, Carlos Alberto da Mota. Teoria Geral do Direito Civil, Coimbra Editora, 3ª ed., 1988.

Pira, Giorgio La. La Genesi del sistema nella giurisprudenza romana. Problemi Generale, *in* Studi *in* onori di Filippo Virgili nel XL anno d'insegnamento, Roma, Società editrice del Foro Italiano, 1935, pg. 3-26.

———. La Genesi del sistema nella giurisprudenza romana. L'arte sistematrice, *in* Bulletino dell'Instituto di Diritto Romano, 42, 1934, pg. 336-355.

———. La Genesi del sistema nella giurisprudenza romana. L'arte sistematrice, Il Metodo, in Studia et Documenta Historiae et Iuris, I, pg. 321-347.

———. Il Concetto di scienza e gli instrumenti della costruzzione scientifica, *in* Bulletino dell'Instituto di Diritto Romano, 44, 1936, pg. 131-139.

Posner, Richard. Economic Analisis of Law, Little Brown & Company, Boston, 1977.

Prieto, D. A. Labarca. Savigny, Thibaut y la Codification, *in* Rivista de Ciencias Sociales (Valparaiso), 14, 1979, pg. 587-619.

Pufendorf, Samuel. Le droit de la nature et des gens ou system general des principes les plus importantes de la morale, de la jurisprudence et de la politique, Londres, chez Jean Nours, 1740.

Pugliati, S. La Proprietá e le proprietá, *in* La Proprietà nel nuovo diritto, Goiffrè, Milano, 1954.

Pugliese, Giovani. I Pandettisti fra tradione romanistica e moderna scienza del diritto, *in* La Formazione Storica del diritto moderno, vol. I, pg. 29-72.

———. Spunti e precedenti romani delle moderni codificazioni, *in* Index, 14, 1986, pg. 19-32.

Raiser, Ludwig. Il compito del diritto privato, Giuffrè editore, Milano, 1990.

Ramm, Thilo. Juristen Sozialismus *in* Deutschland, *in* Quaderni Fiorentini, 3-4 (1974-75), tomo I, pg. 7-23.

Rebuffa, Giorgio. Servono ancora i codici, *in* Sociologia del Diritto, 1981, nº 3, pg. 87-92.

Rescigno, Pietro. Damacio Vélez Sarsfield codificatore, *in* Dalmacio Vélez Sarsfield y el derecho latinoamericano, Cedam, Padova, 1991, pg. 27-36.

Ripert, Georges. O Regime democrático e o Direito civil moderno, Ed. Saraiva, São Paulo, 1937.

Rodotà, Stefano. Ideologie e tecnique della riforma del diritto civile, *in* Rivista di Diritto Commerciale e del Diritto generali delle Obligazioni, 1967, pg. 83-125.

———. Il tempo delle clausole generali, *in* Rivista Critica del diritto privato, 1987, pg. 709-733.

Rossi, Paolo. Idola della modernitá, *in* Moderno. Posmoderno, organizado por Giovanni Mari, Ed. Feltrinelli, 1987, pg. 14-31.

Rosseau, Jean Jacques. Considérations sur le gouvernement de Pologne, *in* Ouvres complètes, tome I, Paris, 1853.

DA CODIFICAÇÃO
CRÔNICA DE UM CONCEITO

———. Du Contrat Social, *In* Oeuvres complètes, tome II, Paris, 1853.

Sacco, Rodolfo. Codificare: modo superato di legiferare?, *in* Rivista di diritto civile, i, 1983, pg. 117-135.

Saint-Prix, Berriat. Histoire du Droit romain suivie de l'histoire de Cujas, Paris, Néve, 1821.

Santoro-Passarelli, Francesco. Note conclusive: il codice e il mantenimento dei valori essenziali, *in* Rivista di Diritto Civile, I, 1980, pg. 85-91.

Savatier, René. L'inflation législative et l'indigestion du corps social, *in* Recueil Dalloz, Chr., 1977, pg. 43-48.

Savigny, F. C. von. Sistema di Diritto Romano Attuale, vol. 1, torino, 1886.

———. La vocazione del nostro tempo por la legislazione e la giurisprudenza, *in* La Polemica sulla codificazione, Edicione Scientifique italiane, Napoli, 1982.

Scarpelli, Umberto. Della Legge al codice, dal codice ai principi, Rivista di Filosofia, Volume LXXVIII, nº 4, 1987, pg. 3-15.

Scherilli, Gaetano. Il Sistema Civilistico, *in* Studio Arangio Ruiz, volume IV, Jovene Editore, Napoli, 1953, pg. 445-467.

———. Ill Sistema del Codice Teodosiano, *in* Studi Albertoni, Cedam, Padova, 1935, pg. 513-538.

———. Teodosiano, Gregoriano, Ermogeniano, *in* Studi Ratti, Giuffrè, Milano, 1934.

Schipani, Sandro Adrés Bello. Romanista Institucionalista, *in* Andrés Bello y el Derecho Latinoamericano, 1987, pg. 205-258.

———. El Código Civil peruano de 1984 y el sistema jurídico latinoamericano (apuntes para una investigazión sobre principios generales del derecho), *in* elementi di unità e resistenza del sistema giuridico latinoamericano, Consiglio Nazionale delle richerche, 1988.

———. I Codici latinoamericani della transfusion del diritto romano e dell'indipendenza verso codici della "mezcla e codici tipo", *in* Dalmacio Velez Sarsfield y el Derecho latinoamericano, Cedam, Padova, 1991, pg. 645-684.

———. Introdução ao volume Un Codice tipo di Procedura civile per l'America Latina, Cedam, 1988.

Schlesinger, Piero. Il tramonto del codice civile, *in* Rivista di diritto civile, 1980, I, pg. 80-84.

Schmitt, Carl. Le Categorie del Politico, Il Mulino, Bolonha, 1972.

———. Teoria de la Constitución, Editorial Revista de Derecho Privado, Madrid, 1956.

Schulz, Fritz. History of Roman Legal science, Oxford at the Clarendon Press, 1953.

———. Principles of Roman Law, Oxford at the Clarendon Press, 1936.

Silva, Almiro do Couto e. A Responsabilidade do Estado no Quadro dos problemas jurídicos decorrentes do planejamento, *in* Revista do Serviço Público, 1988, volume 2, pg. 3-11.

Silva, Clóvis do Couto e. Direito Civil brasileiro em perspectiva histórica e visão de futuro, *in* Ajuris, 40, pg. 128-149.

———. A Natureza Jurídica dos Contratos Cogentes e dos Incentivos Fiscais, separatas de Jurídica, 1972, pg. 3-18.

———. A Ordem Jurídica e a Economia, *in* Revista do Serviço Público, 1988, volume 2, pg. 91-100.

——. Miguel Reale Civilista, *in* Revista dos Tribunais, 672, pg. 53-62.

Sojka-Zielinska, Katarzyna. Le Droit romain et l'idée de codification du droit privé au siècle des lumières, *in* Le Droit Romain et sa reception en Europe, Henryk Jupiszewski et Witold Woldkiewicz, 1978.

Sokolowski, Paul. Die Philosophie im Privatrecht, Volume 1, Berlim, Scientia Aalen, 1959.

Solari, G. Metafisica e diritto *in* Leibniz, *in* Studi Storici di Filosofia di Diritto, Torino, Giappicheli, 1949.

Steinwenter, Artur. Kritik am osterreichischen Bürgerlinchen Gesetzbuch. ainst und jetzt, *in* Recht und Kultur, Verlag Hermann Böhlaus, 1958.

Stone, Ferdinand Fairfax. A primer on codification, *in* Tulane Law Review, 1955, volume XXIX, pg. 303-310.

Strakosch, Henry E. State absolutism and the rule of the law. The strugle for the compilation of civil law *in* Austria 1753-1811, Sidney University Press, 1967.

Strömholm, Stig. Lo sviluppo storico dell'idea di sistema, *in* Rivista Internazionale di Filosofia di Diritto, 52, 1975, pg. 468-486.

Stroux, J. Summun Ius Summa Iniura un capitolo concernente la storia della interpretatio iuris, *in* Annali del Seminario Giuridico della Universita di Palermo, volume XII, pg. 647-691, 1929.

Tallon, Denis. A reprint of codification and Consolidation of the Law at the present time, *in* Israel Law Review, volume 14, nº 1, 1979, pg. 1-12.

Tarello, giovanni. Storia della cultura giuridica moderna. Assolutismo e codificationi del diritto, Il Mulino, Bolonha, 1988.

Terré, François. La Crise de la loi, *in* Archives de Philosophie de Droit, Volume 25, 1980, pg. 17-28.

——. Le rôle actuel de la maxime "nul n'est consé ignorer la loi", *in* Études de Droit Contemporain, Paris, 1966, pg. 91-123.

——. Les problèmes de la codification a la lumiére des expériences et des situation actuelles, *in* Études de Droit Contemporain, travaux et recherches de l'institut de Droit Comparé de l'Université de Paris. XXIII rapport français au VI Congrès de Droit Comparé, Hambourg, 1962.

Teubner, Gunther. Das Regulatorische Trilema, zur Diskussion um post instrumentale Rechtsmodelle, *in* Quderni Fiorentini per la Storia del Pensiero Giuridico Moderno, volume 13, 1974, pg. 11-116.

——. O Direito como sistema autopoiético, Fundação Calouste Gulberkian, 1993.

Thibaut, A. F. Le necessitá di un diritto civile per la Germania, *in* La Polemica sulla Codificazione, Edizione Scientifique Italiane, Napoli, 1982.

Thireau, Jean-Louis. Charles du Moulin. Etude sur les sources, la méthode, les idées politiques et é conomiques d'un juriste de la Renaissance, Genève, Librairie Droz, 1980.

Thoman, Marcel. Histoire de l'ideologie juridique au XVII siècle, ou le droit prisionner des mots, *in* Archives de Philosophie de Droit, 19 (1974).

——. Influence du Philosophe allemand Christian Wolf (1679-1754) sur l'Encyclopédie et la pensée politique et juridique du XVIII e siècle, *in* Archives de Philosophie du Droit, 13, 1968, pg. 233-248.

DA CODIFICAÇÃO
CRÔNICA DE UM CONCEITO

187

Todescan, Franco. Le radice teologiche del giunaturalismo laico, volume II, Il problema della secolarizzazione nel pensiero giuridico di Jean Domat, Giuffrè, 1987.

Trabucchi, Alberto. Significado e valore del principio di legalità nel moderno diritto civile, *in* Rivista di diritto civile, I, 1975, pg. 3-28.

Tunc, André. Standars juridiques et Unification du Droit, *in* Revue Internationale du Droit Comparé, 1970, nº 2, pg. 247-268.

Ungari, Paolo. Per la storia dell'idea di codice, *in* Quaderni Fiorentini per la Storia del Pensiero Giuridico Moderno, 1, 1972, pg. 207-227.

Vanderlinden, Jacques. Code et codification dans la pensée de Jeremy Bentham, *in* Tjdschrift voor Rechtsgeschichte, 1964, pg. 45-78.

——. Le concept de code en Europe occidentale du XIIIe au XIX siècle, essai de définition, Editiones de l'Institut de Sociologie, Université Libre de Bruxelles, 1967.

Vasoli, C. Enciclopedismo, Pansofia e Riforma Metodica del diritto nella nova methodus di Leibniz, *in* Quaderni Fiorentini per la Storia del Pensiero Giuridico Moderno, Volume 2, 1973, pg. 37-109.

Venâncio Filho, Alberto. A Intervenção do Estado no Domínio Econômico, Fundação Getúlio Vargas, São Paulo, 1968.

Viehweg, Theodor. Tópica e Jurisprudência, co-edição da Universidade de Brasília e Ministério da Justiça, 1979.

Vilela, João Baptista. Da Consolidação das leis cisis à teoria das consolidações: problemas histórico-dogmáticos, *in* Augusto Teixeira de Freitas e il Diritto latinoamericano, Cedam, Padova, 1988.

Villey, Michel. Leçons d'Histoire de Philosophie de Droit, Zeme, edition, Dalloz, Paris, 1962.

——. Les fondateurs de l'école du droit naturel moderne au XVII, *in* Archives de Philosophie du Droit, 6, 1961.

——. Recherches sur la literature didactique du Droit Romain, a propos d'un texte de Ciceron. De Oratore I. 188 a 190, Paris, 1945, edição poliocopiada.

Viora, Mario E. Consolidazioni e Codificazioni e Contributo alla storia della codificazione, G. Giappichelli Editore, torino, 3ª ed.

Voltaire. Dictionnaire philosophique, *in* Oeuvres, vol. III, Paris, 1821.

Waline, Marcel. L'Individualisme et le Droit, Paris, 1945.

Welzel, Hans. Diritto naturale e giustizia materiale, Giuffrè, Milano, 1962.

Westermann, Harm Peter. Sonderprivatrechtliche Sozialmodelle und das Allegemeine Privatrecht, *in* Archiv für die civilistiche Praxis, 178, 1978, pg. 151-195.

Wieacker, Franz Aufstieg Blute uns Krisis der Kodificationsidee, *in* Festschrifit für Gustav Boehmer, Bonn, 1954, pg. 34-50.

——. Diritto Privato e Società Industriale, Edizioni Scientifiche Italiane, 1983.

——. Historia do Direito Privado Moderno, Fundação Calouste Gulbenkian, Lisboa, 1980.

Wilburg, W. Zusammenspiel der Kräfte um Aufbau des Schuldrechts, *in* Archiv für die Civilistiche Praxis, nº 163, 1964, pg. 343-379.

Wilhelm. Walter. Metodologia giuridica nel secolo XIX, Giuffrè, Milano, 1974.

——. Portalis e Savigny. aspects de la restauration, *in* Ius Commune, 17, Festagabe für Helmut Coing, Vitorio Klosterman, Frankfurt, 1982, pg. 445-456.

Will, Michael. Verso il duemilla: revisione del B. G. B., *in* Revista Critica del Diritto Privato, 1992, nº 4, pg. 591-605.

Willke, Helmut. Diriger la société par le droit, *in* Archives de Philosophie de Droit, Volume 31, 189-214.

——. The Tragedy of the State, *in* Archiv fur Rechts und Sozial Philosophie, 1986, Volume LXXII, pg. 454-467.

Wolf, Armin, Legislacion y codificaciones, *in* Revista de Estudos histórico-jurídicos, IX, 1984, pg. 81-109.

Wolff, Martin. Reichsverfassung und Eigentum, *in* Festgabe für Wilhelm Kahl, Scientia Verlag, 1981, pg. 8-23.

Zajtzy, Imre. Les destinées du Code civil, *in* Revue Internacionale de Droit Comparé, vol. II, 1954, pg. 792-910.

Zweigert, Konrad e Dietrich, Hartmund. System and Language of the German Civil Code, *in* Problems of Codification, The Australian National University of Camberra, pg. 34-62.

Av. Plínio Brasil Milano, 2145
Fone 341-0455 - P. Alegre - RS